HILFE AUS EIGENER KRAFT

Die Probleme selbst in die Hand nehmen, die Herausforderungen des Lebens besser meistern: Fachleute aus Psychotherapie und Beratung geben Wissen, Rat und Lösungsvorschläge aus ihrer Erfahrung weiter – kompetent, verständlich und praxisnah.

Alle Bücher aus der Reihe ›Hilfe aus eigener Kraft‹ finden Sie unter:

www.klett-cotta.de/lebenshilfe

CLAAS TRIEBEL

Das bin ich. Das kann ich. Das will ich.

Meine Kompetenzen erkennen mit dem Biografie-Workbook

Klett-Cotta

Die digitalen Zusatzmaterialien haben wir zum Download auf www.klett-cotta.de bereitgestellt. Geben Sie im Suchfeld auf unserer Homepage den folgenden Such-Code ein: **OM86084**

MIX
Papier | Fördert gute Waldnutzung
FSC® C083411

Klett-Cotta
www.klett-cotta.de

Cover: Weiß-Freiburg GmbH
unter Verwendung einer Abbildung von Lisa Vlasenko / iStock by Getty Images
Gesetzt in den Tropen Studios, Leipzig
Gedruckt und gebunden von CPI – Clausen & Bosse, Leck
ISBN 978-3-608-86084-9
E-Book ISBN 978-3-608-12215-2
PDF-E-Book ISBN 978-3-608-20650-0

Zweite Auflage, 2024

Bibliografische Information der Deutschen Nationalbibliothek
Die Deutsche Nationalbibliothek verzeichnet diese Publikation in der Deutschen Nationalbibliografie; detaillierte bibliografische Daten sind im Internet über http://dnb.d-nb.de abrufbar

Inhalt

1 Wer bin ich? Was kann ich? Was will ich?

Drei kurze Fragen, mit denen ich mich bereits ein ganzes Berufsleben lang beschäftige. Es geht um Kompetenzen: Was sind Kompetenzen? Wie kann ich Kompetenzen entwickeln? Wie kann ich sie einsetzen für die eigene Entwicklung?

Die Fragen klingen einfach und sind doch so schwer zu beantworten. Zuletzt habe ich ein Buch geschrieben, das sich an Coaches richtet und darstellt, wie Coaches ihren Klient:innen systematisch dabei helfen können, Antworten auf diese Fragen zu finden. Mit diesem Buch möchte ich Sie als Leser:in darin unterstützen, selbst Antworten auf diese Fragen zu finden, damit Sie am Ende sagen können:

- Das bin ich.
- Das kann ich.
- Das will ich.

Warum ist es so wichtig, sich mit diesen Fragen und den Antworten darauf zu beschäftigen? Ganz einfach. Immer wieder sehen wir uns Situationen gegenüber, in denen wir uns fragen müssen und auch fragen sollten, wer wir sind, was wir können und was wir wollen.

Diese Fragen lassen sich nicht einmalig und für alle Zeit beantworten. Sie stellen sich immer wieder neu. Zum ersten Mal vielleicht am Ende der Schulzeit, dann im Lauf der Ausbildung, dann wenn man die ersten beruflichen Erfahrungen gemacht hat und sich fragt: Ist es das jetzt? Muss oder möchte ich das noch länger machen? Wenn man Mutter oder Vater wird, verschieben sich wiederum die Koordinaten des eigenen Lebens. Die Fragen stellen sich neu, und man findet neue Antworten. Was früher unwichtig war, wird auf einmal wichtig und umgekehrt. Wer auf die 40 zugeht, merkt, dass man sich in der Mitte des Lebens fragt, wie die zweite Lebenshälfte gestaltet werden kann:

Will ich das, was ich gerade tue, bis ans Ende meines Lebens machen? Will ich vielleicht noch einmal neu anfangen? Eine neue Ausbildung oder sogar ein Studium beginnen? Oder einfach den Job wechseln oder mich selbstständig machen? Eine befristete Stelle läuft aus und wie für fast alle, die befristete Stellen haben, ist es überraschend, wie schnell dann plötzlich Schluss ist und die Notwendigkeit entsteht, sich neu zu orientieren.

Manchmal kann es auch unvorhersehbare Ereignisse geben: In der Arbeit ändert sich etwas, es gibt eine neue Führungskraft, die Struktur verändert sich, der Job wird neu zugeschnitten und das, was einem vorher Spaß gemacht hat, wird mit einem Mal zur Last oder sogar zur Qual. Oder man wird gekündigt oder mehr oder weniger höflich aus dem Job komplimentiert. Manche gehen einfach zum nächsten Job über, andere stellen in dieser Situation den eigenen Werdegang oder zumindest den künftigen grundlegend in Frage. Diese beruflich bedingten Orientierungssituationen ziehen sich bis zum Renteneintritt hin. Denn auch dann ist es wichtiger als viele denken, sich zu überlegen, was man eigentlich vorhat. All dies sind potenziell verunsichernde Situationen, nicht für jede:n und nicht jedes Mal, wenn sie eintreten. Doch früher oder später wird sich jede:r damit konfrontiert sehen, nicht genau zu wissen, wie es weitergehen soll.

Wer bin ich? Was kann ich? Was will ich? Man stellt mit diesen Fragen die ganze Identität in Frage oder hinterfragt sie zumindest. Die Beschäftigung mit diesen Fragen ist emotional. Vielleicht haben Sie Angst vor der Zukunft? Oder vielleicht haben Sie eine Sehnsucht? Eine bestimmte Sehnsucht oder auch nur eine diffuse? Es ist schwer zu fassen und festzumachen, was man eigentlich will. Und manchmal ergibt sich erst im Rückblick ein Muster in dem, was man getan hat, und man erkennt erst im Nachhinein, was einen geleitet hat, als man wegweisende Entscheidungen getroffen hat, ohne in dem jeweiligen Moment überhaupt an die Tragweite der eigenen Handlungen gedacht zu haben.

Vielleicht sind Sie auch ganz begeistert bei dem Gedanken, Ihre Zukunft gestalten zu wollen und sich mit sich selbst und den für Sie wichtigen Fragen zu beschäftigen. Vielleicht denken Sie, dass Sie nun endlich Ihren Traumberuf ergreifen wollen oder überhaupt erstmal herausfinden möchten, was dieser Traumberuf sein könnte. Menschen treten diesen Herausforderungen unterschiedlich entgegen, und es ist völlig legitim – und ehrlich gesagt der Normalfall – wenn man durch größere Veränderungen verunsichert ist, sich grundlegende Fragen stellt und auf der Suche nach Antworten ist. Vielleicht empfinden Sie bei der Vorstellung, Antworten auf die grundlegenden Fragen vorzulegen, eine gewisse Scheu.

Das bin ich. Das kann ich. Das will ich. Klingt das nicht nach Angeberei, als ob man Hochglanzfotos von sich selbst in Siegerpose auf den Tisch knallt? Mein Haus! Mein Auto! Meine Yacht! Es ehrt Sie, wenn Sie bescheiden sind. Daraus sollten Sie aber nicht ableiten, dass es nicht gut und richtig wäre, mit Überzeugung über sich, was man kann und was man will, sprechen zu können. Es ist sogar ausgesprochen interessant und angenehm für Ihr Gegenüber, wenn Sie das tun. Finden Sie es nicht selbst auch spannend, wenn jemand eine klare Vorstellung davon hat, was er oder sie kann und will? Hören Sie da nicht auch gerne zu? Sie sollten sich selbst in die Lage versetzen, einfache und gute Antworten auf die hier gestellten Fragen geben zu können. Dieses Buch soll Ihnen dabei helfen.

Ich habe beim Schreiben darauf geachtet, dass Sie es sowohl am Stück durchlesen als auch bearbeiten können. Sie werden zahlreiche Übungen finden. Manche davon werden Sie vielleicht nur gedanklich nachvollziehen, andere mit Zettel und Stift bearbeiten. Je intensiver Sie sich mit den Übungen beschäftigen, desto mehr werden Sie davon haben. Außerdem habe ich einige Passagen über die Psychologie von Kompetenzen, Stärken und Schwächen und Entscheidungsfindung eingebaut. Ich hoffe, dass diese Teile ebenso informieren wie inspirieren.

Im Zentrum dieses Buches stehen Sie mit Ihrer Biografie. Damit ist nicht nur das Leben gemeint, das Sie bereits gelebt haben, sondern auch das, was vor Ihnen liegt. Es ist ein Biografie-Workbook. Sie erarbeiten Ihre Vergangenheit und beginnen, an der Gestaltung Ihrer Zukunft zu arbeiten.

Ich wünsche viel Spaß auf dem Weg zu den Antworten auf die Fragen »Wer bin ich? Was kann ich? Was will ich?«, damit Sie am Ende der Lektüre mit beiden Beinen sicher auf dem Boden stehend sagen können: »Ja, das bin ich. Das kann ich. Das will ich.«

1.1 Wie bin ich die Person geworden, die ich heute bin?

So wie ich Sie darin unterstützen möchte, sich selbst aus Ihrer Biografie heraus zu verstehen, will auch ich zunächst erzählen, wie es dazu gekommen ist, dass ich mich mit diesem Thema beschäftige und worauf die Inhalte, über die ich in diesem Buch schreibe, beruhen. Es ist mir ein persönlich sehr wichtiges Thema, und ich wäre froh gewesen, wenn ich früher mehr Unterstützung bei der eigenen Orientierung gehabt hätte.

Ich habe mich immer wieder beruflich neu orientiert und meinen eigenen Weg immer wieder neu justiert. In meiner Jugend habe ich lange überlegt, was ich beruflich machen möchte. Mich hat dabei die Vorstellung belastet, mich für eine einzige Ausbildung oder ein einziges Studium zu entscheiden und dem, was man da studiert hat, ein Leben lang nachzugehen oder nachgehen zu müssen. Ich interessiere mich für viele unterschiedliche Dinge und das schon immer. Ich habe in meiner Jugend extrem viel und intensiv Musik gemacht, in einer Band gespielt, Songs geschrieben, Klavier gespielt, gesungen, in einer Big Band gespielt und dort gesungen, habe Theater gespielt, war Teil einer Kabarett-Gruppe, habe Kurzgeschichten geschrieben und, und, und. Ich habe auch gerne Sport gemacht, war im Leichtathletik-Verein, war viel mit Freunden unterwegs und was man eben noch so tut. Als meine Schulzeit zu Ende war, hatte ich das Gefühl, diese ganze Vielfalt nun aufgeben zu müssen, indem ich mich für ein Studium entscheide und fortan für Jahrzehnte nur noch dasselbe machen zu müssen. Von Montag bis Freitag. 40 Stunden lang jede Woche. Wo sollte da noch Platz bleiben für all die Dinge, die ich sonst noch gerne tue?

Alle diese Dinge liebe ich immer noch, und ich sehe zu, wie ich möglichst viel davon in meinem Leben unterbringen kann. Nicht immer alles in derselben Intensität, und bei aller Betonung auf die Selbstverwirklichung, die ja mein Programm und Programm dieses Buches ist, gibt es viele konkrete praktische Notwendigkeiten und Verpflichtungen. Jedenfalls habe ich mich am Ende meiner Schullaufbahn in einer Situation weitgehender Ratlosigkeit darüber befunden, was ich beruflich machen wollte. Ich träumte mich in die Vorstellung, etwas im Bereich Medien und Film machen zu können, ich machte immer weiter Musik, mit unserer Band veröffentlichten wir eine CD. Ich schrieb mich für Germanistik ein, mit Nebenfach Psychologie und Musikwissenschaft. Das Studieren gefiel mir nicht und versandete im zweiten Semester wieder.

Ich hatte damals noch keinerlei Vorstellung davon, dass Berufs- oder Erwerbstätigkeit kein lebenslängliches Urteil bedeuten muss, sondern auch in ständigem Wandel begriffen sein kann. Ja, dass sogar die Vorstellung davon, es gebe über lange Zeit hinweg stabile Berufsbilder, inzwischen für viele Tätigkeiten weitgehend völlig unangemessen ist. Ich hatte die Vorstellung, dass eine einzelne Tätigkeit meine Erfüllung sein müsste und überlastete damit jedes mögliche Studium oder Berufsbild mit Heils- und Erfüllungserwartungen, die letztlich unerfüllbar sind.

Ich informierte mich über andere Studiengänge, und eines Tages las ich, dass es im Psychologiestudium den Vertiefungsschwerpunkt »Arbeits- und Organisationspsychologie« gibt. Man beschäftige sich damit, was Menschen in der Arbeit und in Organisationen erleben und tun. Ich las, dass Arbeits- und Lebenszufriedenheit in einem engen Zusammenhang ständen. Dass Lebenszufriedenheit wiederum eng mit Gesundheit verbunden sei. Gute Arbeitsbedingungen und Zufriedenheit im Beruf hätten demnach Einfluss darauf, wie zufrieden man mit dem Leben ist, wie gesund man ist und folglich auch mit der Lebenserwartung zu tun. Ich fand diesen Gedanken sofort faszinierend. Den Großteil der wachen Zeit verbringen Menschen in der Arbeit. Wenn diese 40 Stunden in der Woche schlecht laufen, wirkt es sich auf das gesamte Leben des Menschen aus. Wenn man unzufrieden damit ist und sich gewissermaßen im falschen Film wähnt, weil man etwas völlig anderes tut als es einem selbst entspricht, entfernt man sich immer mehr von sich selbst, bis man sich irgendwann fremd geworden ist. Wenn man hingegen mit Menschen zu tun hat, die einem angenehm sind und sich mit Dingen beschäftigt, die den eigenen Interessen entsprechen, sieht die Sache ganz anders aus. Ich habe das alles nicht sofort und nicht so detailliert bedacht, aber der Keim dafür, womit ich mich im Studium beschäftigen wollte und was Basis der Tätigkeiten im Bereich der Psychologie sein sollte, war gesetzt: für gute Arbeitsbedingungen sorgen.

In meinem Studium hatte ich das Glück, bei Lutz von Rosenstiel studieren zu können, damals einer der bekanntesten Arbeits- und Organisationspsychologen in Deutschland und ein sehr guter und sehr freundlicher Lehrer mit einer ausgesprochen humanistischen Grundeinstellung. Trotz seines prominenten Status ließ er sich nie von den Führungsetagen der Unternehmen einkaufen, um menschenfeindliche Umstrukturierungsprogramme umzusetzen, sondern stellte ins Zentrum seines Tuns immer die Maxime: Wie kann man für gute Bedingungen der Zusammenarbeit in Organisationen sorgen? Was kann man dafür tun, dass sich Menschen in ihrem Erleben und Verhalten in Organisationen und in der Arbeit gut fühlen, ohne dabei freilich den Zweck des Kontextes zu vernachlässigen? In der Arbeit geht es nun einmal darum, einen auch wirtschaftlichen Mehrwert zu erbringen. Wie kann man also diese Interessen miteinander vereinen?

Meine Suche nach beruflicher Identität war damit noch lange nicht beendet. Das lässt sich daraus ableiten, was ich seitdem alles gemacht habe: Während des Studiums hatte ich Jahre, in denen ich eigentlich weiterhin nichts anderes werden wollte als Musiker. Ich arbeitete im Tonstudio, komponierte und produzierte Film- und Werbemusik. Nach dem Studium war ich selbstständig, dann habe ich in Teilzeit promoviert. Von der Musik war ich frustriert und habe als Ersatz dafür Bücher geschrieben, dann wurde ich Professor für Kompetenzentwicklung und Coaching. Später habe ich ein Start-up gegründet, und irgendwann begann die Musik wieder eine zentrale Rolle in meinem Leben zu spielen, ich schrieb Songs, trete auf und verbinde Musik mit meinen fachlichen Vorträgen. Ich weiß auch heute nicht, wie meine berufliche Zukunft genau aussehen wird – hoffentlich bunt. Ein festes Berufsbild ist nicht das, was ich anstrebe. Ich weiß, es würde mich unglücklich machen, wenn ich mich nur noch einem Thema widmete. Und nicht mit allem, was ich tue, muss ich Geld verdienen.

Eine besondere, im positiven Sinn einschneidende Erfahrung gab es unmittelbar, nachdem ich mein Studium beendet hatte. Ich erhielt im Jahr 2003 die Gelegenheit, einen Karrierecoaching-Ansatz zu entwickeln, und dieses Thema, das mich schon seit dem Ende meiner Schulzeit beschäftigt, wurde so zum steten Begleiter meines Berufslebens, zu meinem ganz persönlichen roten Faden. Der Karrierecoaching-Ansatz nennt sich »Die Kompetenzenbilanz«.

1.2 Die Kompetenzenbilanz

Die Kompetenzenbilanz entwickelte ich im Jahr 2003 im Auftrag des Tiroler Zukunftszentrums. Das Zukunftszentrum war eine Einrichtung der Arbeiterkammer Tirol, des Landes Tirol und der Stadt Innsbruck und beschäftigte sich mit Fragen zur Zukunft der Arbeit. Wie werden wir in Zukunft arbeiten? Wie kann man Menschen darin unterstützen, mit dem – damals bereits absehbaren – nicht mehr endenden Wandel umgehen zu können? Um die Jahrtausendwende war die Diskussion um Veränderungen in der Arbeitswelt jedoch noch von einer anderen Qualität als heute. Damals ging es, stark geprägt durch Bücher wie »Der flexible Mensch« des amerikanischen Soziologen Richard Sennett, um die soziologisch geprägte Diskussion, wie die sich durch Globalisierung und Liberalisierung verändernde Welt auf den Menschen auswirkt. Welche Unsicherheiten auf die Menschen zukommen werden. Wie gewordene Strukturen erodieren und das Individuum in einer neuen Welt mehr oder weniger orientierungslos dastünde. Arbeitsplatzsicherheit existiere nicht mehr. Die Gewissheit, einen Beruf von der Ausbildung bis zur Rente ausüben zu können, begann zu bröckeln. Der Begriff der »Patchwork-Identität« etablierte sich, die aus den unterschiedlichsten Flicken zusammengenäht wird, aus vielen beruflichen und privaten Teilen der Identität.

Wie kann der Mensch darin gestärkt werden, sich in einer unübersichtlich gewordenen Welt zurechtzufinden? Wie kann man Menschen darin unterstützen, die Kompetenz zu entwickeln, die eigene Biografie in die Zukunft fortschreiben zu können? Wie kann man hierfür Maßnahmen finden, die das Individuum zu stärken helfen? Dies waren Fragen, die damals an den Lehrstuhl für Organisations- und Wirtschaftspsychologie der LMU München adressiert wurden. Und da ich gerade meine Diplomarbeit zum Thema *Kompetenzen* geschrieben hatte, übertrug man mir die Aufgabe, in sehr kurzer Zeit das zu entwickeln, was seitdem die Kompetenzenbilanz ist und zu besagtem roten Faden in meiner beruflichen Entwicklung geworden ist.

Die Kompetenzenbilanz ist ein Coaching-Prozess. Dieser Prozess folgt einer klaren Struktur und orientiert sich an den drei Fragen, die ich schon erwähnt habe: Wer bin ich? Was kann ich? Was will ich?

Wer bin ich?
Zunächst reflektiert man in der Kompetenzenbilanz über die eigene Biografie und erarbeitet zentrale Werte daraus: Wie bin ich eigentlich die Person geworden, die ich heute bin? Welche Werte haben mich dabei begleitet? Warum habe ich welche Entscheidungen getroffen? Welche Muster und roten Fäden ergeben sich, wenn ich über meine Biografie nachdenke?

Was kann ich?
Hier geht es darum, die Lupe auf unterschiedliche Situationen aus Beruf und Privatleben zu setzen und zu analysieren, was ich genau gemacht habe in den jeweiligen Situationen, an unterschiedlichen Stationen. Was habe ich in Ausbildung oder Studium gelernt? Was habe ich bei meinem ersten Job gelernt? Was mache ich eigentlich, wenn ich am Rechner sitze? Sehr viele Menschen sitzen ja die meiste Zeit des Tages am Rechner oder in Meetings. Machen sie alle dasselbe? Sicher nicht. Aber was genau machen sie, während sie da vor dem Bildschirm oder in einem Meeting sitzen? Was genau macht man, wenn man sich mit berufsfernen Dingen beschäftigt? Mit einem Hobby, das die große

Leidenschaft ist, zum Beispiel? Oder was macht man, wenn man mit den Kindern spielt? Oder auf Reisen ist? Oder ein Elternteil pflegt? All die Dinge, die man im Alltag tut, sind Lern- und Entwicklungsfelder. Aber man lernt diese Dinge nebenbei und denkt nicht darüber nach, was man da lernt und was man deshalb kann.

Wir fassen dieses Können als *Kompetenzen* zusammen, man kann auch sagen *Stärken*. Es geht an diesem Punkt außerdem darum zu lernen, die eigenen Stärken stimmig und authentisch argumentieren zu können. Welche Worte finde ich dafür? Welche Begriffe fühlen sich stimmig an für mich? Wie kann ich diese Stärken auch anderen gegenüber erklären? Wie kann ich eine Sprache für das finden, was ich kann?

Was will ich?

Am Ende dieses Prozesses, der sich über mehrere Sitzungen erstreckt, steht ein Erarbeiten dessen, was man sich für die kommende Zeit vornimmt. Hierbei kommt es nicht darauf an, besonders hohe und große Ziele zu formulieren. Sondern darum, die nächste Zeit zu strukturieren. Welche Ideen habe ich für meine Zukunft? Wie kann ich diesen Ideen konkret nachgehen? Mit wem kann ich darüber sprechen? Wo muss ich anrufen? Was kann ich selbst tun? Was kann oder muss einfach noch warten? Dabei geht es um die Planung beruflicher und privater nächster Schritte. Denn und das ist sehr wesentlich, langfristige berufliche Zufriedenheit ist immer auch verbunden mit privater Zufriedenheit. Und private Zufriedenheit kann ganz wesentlich dazu beitragen, auch beruflich zufriedener zu sein. Wenn ich eine Leidenschaft, für die ich Kompetenzen habe, privat zur Entfaltung bringen kann, dann kann ich meine Berufstätigkeit davon entlasten, diese Leidenschaft einlösen zu müssen. Ganz persönlich über mich gesagt: Wenn ich als Vater von vier Kindern nicht davon leben kann, Musik zu machen, dann kann ich trotzdem glücklich sein, indem ich Musik mache. Ich trage mit dieser Tätigkeit wenig zum Familieneinkommen bei. Aber das Musikmachen trägt ganz wesentlich zu meinem Glück bei.

Die wesentlichen Aspekte dessen, was hier erarbeitet wird, sind immer beruflicher Natur, wie auch die Ausgangsfrage, mit der dieser

Prozess begonnen wird. Aber während des Prozesses werden auch sehr viele private Aspekte angesprochen, die vordergründig mit dem Beruflichen nichts oder nur wenig zu tun haben. Der Prozess der Kompetenzenbilanz endet mit einer dreiseitigen Zusammenfassung des Prozesses und der zentralen Ergebnisse. Die meistens vier Sitzungen finden innerhalb von vier bis acht Wochen statt und dauern jeweils zwei Stunden.

Eine Erfolgsgeschichte

Seit dem Herbst 2003 war es über fünf Jahre hinweg in Tirol möglich, gegen eine kleine Selbstbeteiligung ein Kompetenzenbilanz-Coaching in Anspruch zu nehmen. So konnten wir mit der Kompetenzenbilanz tausende Menschen in Tirol erreichen, die sich mit ihrer beruflichen Zukunft beschäftigen wollten. Wir bildeten zahlreiche Coaches dort aus. Wir untersuchten systematisch die Wirkungsweise des Kompetenzenbilanz-Coachings und optimierten das Vorgehen. Wir konnten auf diese Weise außergewöhnlich umfangreiche Studien zur Wirkung von Coaching durchführen. So konnten wir feststellen, dass Menschen, die ein Kompetenzenbilanz-Coaching in Anspruch genommen haben, im Jahr danach ihre Ziele weitgehend umgesetzt haben. Sie konnten besser mit Stress umgehen und haben sich insgesamt mehr als ihres eigenen Glückes Schmied gesehen als zuvor. Sie waren der Überzeugung, in ihrem Umfeld ihren Kompetenzen gemäß etwas bewirken zu können, was sie – unabhängig davon, ob sie sich beruflich verändert hatten oder nicht – insgesamt zufriedener gemacht hat. Bei den meisten gab es außerdem eine leichte Erhöhung des Gehalts und eine Reduzierung der Krankenfehltage. Eine andere Gruppe bekam in der Folge zunächst weniger Gehalt: Das waren diejenigen, die aufgrund des Coachings eine neue Ausbildung begonnen hatten.

Wir entwickelten dann Adaptionen der Kompetenzenbilanz für Jugendliche, für Gruppen, für Gründer:innen, so dass ein ganzer Methodenbaukasten von Karrierecoaching-Tools entstand. Als die Kooperation mit dem Zukunftszentrums aufgrund eines Geschäftsführerwechsels ein Ende fand, setzte ich die Arbeit in Deutschland fort. Ich bildete im gesamten DACH-Gebiet (Deutschland, Österreich, Schweiz) Kompetenzenbilanz-Coaches aus, führte zahlreiche öffentlich geförderte Projekte im Auftrag von Ministerien durch, arbeitete mit Schulen zusammen, entwickelte eine Adaption der Kompetenzenbilanz für die Arbeit mit Migrant:innen, arbeitete mit Firmen zusammen, brachte die Kompetenzenbilanz in die Hochschullehre, veröffentlichte vieles, strengte zahlreiche Kooperationen an, erhielt Auszeichnungen für die Kompetenzenbilanz, zum Beispiel 2017 die Auszeichnung der Stiftung Warentest als »Bestes Karrierecoaching Verfahren«. Und natürlich sammelte ich weitere Erfahrungen als Coach und profitierte in der Fortbildung von Coaches durch die zahlreichen Erfahrungen der Teilnehmer:innen. Es hat sich eine lebendige Szene von Kompetenzenbilanz-Coaches im ganzen DACH-Gebiet entwickelt, die in unterschiedlichen Kontexten arbeiten: in der Personalentwicklung, als freie Coaches, als Karriereberater:innen an Hochschulen, im Arbeitsmarktbereich.

Überall da, wo Menschen sich die Frage stellen, »Wo geht die Reise eigentlich beruflich für mich weiter?«, kann die Kompetenzenbilanz wirksam und hilfreich sein. Ich bin seit jeher mit dem Wissen und den Erfahrungen um die Kompetenzenbilanz sehr offen umgegangen. Das bringt es mit sich, dass es fast von Beginn an Nachahmer:innen gab. Das werfe ich niemandem vor. Ich stehe mit den Vertreter:innen dieser konkurrierenden Ansätze in kollegialem und auch freundschaftlichem Austausch. Ich denke, der Bedarf an solchen Ansätzen ist nahezu unbegrenzt. Und ich bin durch und durch Überzeugungstäter in Sachen Kompetenzenbilanz. Denn dieser Ansatz betrifft mich, wie ich dargestellt habe, auch persönlich, und ich fühle mich dem Gedanken, dass man mehr kann als in Zeugnissen und Zertifikaten steht, sehr verbunden. Auch der Gedanke, dass man sich immer wieder verändert und das Patchwork der eigenen Biografie, wenn man will und kann, immer neu und bunt gestalten kann, ist mir sehr wichtig. Und ich bin letztlich der Überzeugung, dass die Jagd nach dem einen Traumberuf viel Potenzial besitzt, sich selbst unglücklich zu machen.

1.3 Gibt es den Traumberuf fürs Leben?

Was früher noch eine Verheißung war, klingt heute vielen eher wie eine Bedrohung: der Beruf fürs Leben. Dieses Konzept hat für die meisten ausgedient. Und das hat viele Gründe. Zum einen werden durch den technologischen Wandel ständig neue Anforderungen gestellt, aus denen sich neue Tätigkeitsbereiche und Berufsfelder ergeben. Auch wenn es das Bedürfnis nach dem einen Beruf, mit dem man sein Leben lang seinen Lebensunterhalt verdienen wird, bei vielen Menschen noch gibt, ist dieses nicht mehr erfüllbar. Selbst wenn es Berufsbezeichnungen gibt, die sich über die Zeit halten werden, so ist doch der jeweilige Inhalt dessen, was man tut, einem so starken Wandel unterworfen, dass die jeweils aktuelle Tätigkeit mitunter nur noch wenig mit dem zu tun hat, warum und womit man einen Job oder einen Beruf ergriffen hat.

Kein Beruf wird in den kommenden Jahren davor verschont bleiben, sich radikal zu verändern. Inhaltlich, strukturell, äußerlich – in jeder Hinsicht. Sehr wenig wird bleiben wie es war. Wir haben in der Pandemie-Zeit gesehen, wie schnell sich das Setting, in dem wir alle arbeiten, verändern kann. Diese Zeit hat manche Entwicklungen beschleunigt und unumkehrbar vorangetrieben und wie unter Laborbedingungen als eineinhalbjähriges Experiment zeitweilig vorweggenommen. Alles wird anders. Und wenn alles anders geworden sein wird, wird die Entwicklung damit nicht abgeschlossen sein. Denn dann wird es wieder anders werden. Berufe werden niemals mehr so zeitstabil werden, wie wir sie in Erinnerung haben – und wie sie vielleicht auch niemals gewesen sind.

Das Konzept der Berufe entstand durch die Zünfte im Mittelalter und war einer relativ schmalen Bildungselite vorbehalten, bis Industrialisierung, allgemeine Schulpflicht und Technisierung ab der Mitte des 19. Jahrhunderts für einen ungeheuren Aufschwung der Berufe sorgte, der sich ins 20. Jahrhundert hinein beschleunigte und erst dann seine ganze Macht entfaltete und dafür sorgte, dass breite Schichten der Bevölkerung Berufsabschlüsse erlangen konnten. Davor waren die meisten Menschen Tagelöhner:innen, Hilfsarbeiter:innen, Knechte, Mägde. Einen Lehrberuf hatten nur wenige, und studiert hatten bis ins erste Jahrzehnt des 20. Jahrhunderts nur weniger als 5 % der Bevölkerung. Das Erlernen eines definierten Berufs war die Garantie für Aufstieg, Stabilität und Wohlstand. Ich möchte Bildung keinesfalls abwerten, aber: Dieses Garantieversprechen kann Bildung mittlerweile nicht mehr einlösen. Trotz Berufsabschluss werde ich künftig viel schlechter als früher vorhersagen können, was ich damit in den kommenden Jahren anfangen werde. Und eine ähnliche Stabilität, wie wir sie noch bis vor wenigen Jahren kannten, wird es – in den kommenden Jahrzehnten zumindest – nicht mehr geben. Damit wird Menschen einerseits die Last genommen, zu Beginn ihrer beruflichen Laufbahn nach »dem einen Beruf« zu suchen und sich für Jahre und Jahrzehnte auf ein Berufsbild festzulegen. Auf der anderen Seite gibt es dadurch keine berufliche Planbarkeit mehr. Entscheidungen über die berufliche Zukunft werden immer wieder möglich und notwendig werden.

Was sind aber die Anforderungen, die übergreifend für die beruflichen Herausforderungen der Zukunft gelten? Das Beratungsunternehmen Deloitte veröffentlichte 2020 eine Studie, in der fünf Megatrends für die Berufswelt im Jahr 2035 ausgemacht wurden (Deloitte 2020):

1. Die Jobs der Zukunft erfordern Interaktion mit anderen Menschen sowie Empathie – und sind nur gering automatisierbar.
2. Das Wachstum der Jobs der Zukunft dürfte die Arbeitsplatzverluste überkompensieren.
3. Der Zuwachs an Jobs findet vor allem bei Gesundheits-, Bildungs- und Managementberufen statt.
4. Robotics und Data Analytics sind die Schlüsseltechnologien mit dem größten Impact.
5. Die Tätigkeiten von morgen – weniger Routine, mehr analytisches Denken und menschliche Interaktion.

Diese Trends, die sich auch durch andere Studien, etwa durch das Institut für Arbeitsmarkt- und Berufsforschung der Bundesagentur für Arbeit, in ähnlicher Form bestätigen lassen, zeigen: Auch wenn in Alltagsdiskussionen immer wieder ein Trend zur Spezialisierung auszumachen ist, weisen doch die großen Linien darauf hin, dass die Zukunft den Generalist:innen gehört. Und denen, die überfachliche Kompetenzen wie Empathie oder Analysefähigkeit in unterschiedlichen Kontexten zum Einsatz bringen können. Darüber hinaus wird es zwei große Trends geben: Berufe, die mit der unmittelbaren Interaktion mit Menschen zu tun haben, und solche Berufe, die sich dafür eignen, neueste Technik zu beherrschen und anzuwenden. Menschen, die die Brücke zwischen beiden Welten, also zwischen Mensch und Technik schlagen können, werden auf dem Arbeitsmarkt besonders begehrt sein. Wie jedoch die jeweiligen Tätigkeiten genau aussehen werden, wissen wir heute nicht.

Eine Gefahr, die tatsächlich in dieser durch die fünf Megatrends umrissenen Zukunft liegt ist, dass Menschen mit geringerer Bildung in der Berufswelt der Zukunft möglicherweise eine noch schwächere Position innehaben werden als heute schon. Auch wenn die Technisierung also einen Zuwachs an Jobs mit sich bringen kann, drohen diejenigen mit geringer Bildung auf der Strecke zu bleiben.

Der Traumberuf

Häufig sprechen Menschen davon, sie wollten oder man solle den einen Beruf finden, die eine Tätigkeit, die einen so dermaßen begeistern könne, dass man sich in einem Zustand des permanenten Glücks befände. Alles, was mit Arbeit zu tun habe, fiele dann leicht, weil man genau das täte, was man am liebsten mache und überdies von den wunderbarsten Menschen umgeben sei – und zwar von morgens bis abends. Man merke dann überhaupt nicht mehr, dass man arbeite, weil man einfach seinen Leidenschaften nachgehe und dafür auch noch bezahlt werde. Das Paradies. Das ist natürlich überzeichnet von mir. Wahrscheinlich haben Sie dieses Buch genau deshalb in den Händen, weil Sie etwas für sich finden wollen, womit Sie zufrieden, sehr zufrieden, ja hoffentlich wirklich glücklich sind. In diesem Wunsch möchte ich Sie ernst nehmen.

Natürlich gibt es erfüllende Berufe und Tätigkeiten und andere, die einem stumpf, langweilig und kräftezehrend erscheinen. Und natürlich ist es extrem wichtig, in einer Arbeitsumgebung mit Menschen zu tun zu haben, über die man sich freut, wenn man sie sieht und die ein förderliches Umfeld bieten. Erinnern Sie sich? Ich habe erzählt, dass ich genau aus diesem Grund Psychologie studiert habe – weil man sich damit beschäftigen kann, wie gute Arbeitsbedingungen geschaffen werden können. Und mit der Arbeit verbringen wir nun einmal sehr viel Zeit. Jetzt kommt allerdings ein Aber – und ich hoffe, dass es nicht zu schroff ausfällt.

Es gibt den einen Traumberuf, in dem man von morgens bis abends und über Jahre hinweg ununterbrochen glücklich und zufrieden ist, ebenso selten wie den einen Menschen, an dem man niemals etwas auszusetzen hat und der einen rund um die Uhr vollständig glücklich macht. Es gibt das perfekte, niemals getrübte Glück schlicht nicht. Es gibt Phasen, in denen man sich besonders glücklich miteinander fühlt, und dann gibt es Phasen, in denen man mit der Realität, mit dem Alltag konfrontiert ist und merkt, was einen am anderen nervt und wo man sie oder ihn mit überzogenen Erwartungen überfrachtet, die kein Mensch jemals ganz erfüllen kann. Auch wenn man in seine Partnerin oder seinen Partner schwer verliebt ist, wird sich dieser Zustand nicht endlos oder unterbrechungsfrei fortsetzen. Auch wenn der Wunsch besteht, verliebt zu sein, ist nicht jede Situation dafür geeignet, sich unsterblich und gewissermaßen nachhaltig zu verlieben oder sich neu in dieselbe Situation zu verlieben. Manchmal sind andere Dinge dran oder stehen im Vordergrund. Dann ist eben nicht alles perfekt. In der Partnersuche blockieren sich manche auf der Suche dem:r idealen Partner:in selbst und hängen womöglich immer dem Traum der einen perfekten Person nach, die sie hoffen irgendwann einmal treffen zu können. Es gibt aber keine perfekten Menschen.

So ist es auch mit den Berufen und den Jobs. Sie sind nicht perfekt. Und wenn, dann nicht für immer und in derselben Form. Ich will damit nicht dazu anregen, die Ansprüche herunterzuschrauben. Der Wunsch nach Glück, Zufriedenheit und Erfüllung ist legitim, und Sie sollten ihm unbedingt nachgehen. Das ist mein Projekt mit diesem Buch und mit den Dingen, die ich unterstütze. Und dennoch: Nicht in jeder Situation ist ein solcher Idealzustand hervorrufbar, und nicht in jeder Situation lässt sich ein solcher Idealzustand aufrechterhalten. Ich möchte damit nicht Genügsamkeit predigen, aber Geduld. Und ich möchte mich für eine gewisse Nachsicht aussprechen. Seien Sie nachsichtig mit der aktuellen Situation, hadern Sie nicht. Und seien Sie nachsichtig mit sich selbst. Werfen Sie es sich nicht vor, wenn die aktuelle Situation nicht perfekt ist. Es handelt sich sehr wahrscheinlich um einen notwendigen Schritt in die Richtung, in der es für Sie besser zu werden verspricht. Wie auch jeder der vergangenen Schritte, die Sie gegangen sind, einen sinnvollen Platz in Ihrer Biografie hat und Sie zu der Person gemacht hat, die Sie heute sind. Zufrieden können Sie auch mit einem Beruf sein, der nicht perfekt ist. So, wie Sie hoffentlich auch eine Partnerschaft haben oder finden, in der Sie glücklich sein können, auch wenn Sie entdeckt haben, dass die Person, die Sie lieben, ihre Fehler hat. Genau wie Sie selbst. Kein Mensch ist perfekt, und den perfekten Beruf gibt es auch nicht.

Die Beschäftigung mit den Fragen »Wer bin ich? Was kann ich? Was will ich?« ist ein viel größeres Programm als nur die Klärung dessen, was Sie beruflich machen wollen. Im Grunde genommen geht es darum zu erkennen, wie Sie aus sich selbst heraus zufrieden sein können, ohne sich zu sehr von äußeren Gegebenheiten abhängig zu machen. Nicht alle Heilserwartungen müssen vom Beruf erfüllt werden. Vielleicht werden Sie durch etwas glücklich und zufrieden, wofür Sie kein Geld bekommen. Und Ihre Berufstätigkeit, die vielleicht nicht Ihr Traumberuf ist, ermöglicht es Ihnen, dieser Tätigkeit nachzugehen.

Noch einmal eine Analogie zur Partnerschaft. Es ist wunderbar, wenn man gemeinsame Interessen und Hobbys hat. Und vor allem eine geteilte Wertehaltung und Einstellung zum Leben. Aber: Es ist nicht die Voraussetzung für eine gelungene Partnerschaft, einen Interessenklon gefunden zu haben. Es ist völlig in Ordnung, ja sogar extrem wichtig, eigene Interessen und Vorlieben und Raum dafür zu haben, diesen nachzugehen. Man muss nicht alles gemeinsam machen und teilen. Die Vorstellung ist beengend. Im Beruf ist es genauso. Es ist schön und bereichernd, wenn man Interessen abseits des Berufs hat, die einen erfüllen und bereichern, die einen ausmachen, ganz wesentlich zum Glück beitragen. Der Beruf muss nicht alle diese Bedürfnisse erfüllen, auch wenn er eine wichtige Stelle im Leben einnimmt und man viel Zeit mit dem Arbeiten verbringt und damit sein Geld verdient. Man würde sich sogar sehr viel versagen, wenn sich alles nur um den Beruf drehen würde und man abseits davon keine Interessen hätte. Sie leben von Montag bis Sonntag, das ganze Jahr über. Wäre die gesamte Zeit nur mit dem Beruf gefüllt, wäre es ein trauriges, eindimensionales Leben. Die Zeit abseits der Berufstätigkeit dient nicht nur dazu, sich zu erholen, um dann wieder ausgeruht und fit für den Job zu sein.

Glück und Zufriedenheit sind nicht abhängig vom Beruf. Der Beruf soll dazu beitragen, dass Sie zufrieden sind, aber andere Interessen sind nicht weniger wert, nur weil Sie kein Geld dafür bekommen. Und Glück und Zufriedenheit hängen zwar damit zusammen, dass man einer Berufstätigkeit nachgeht, mit der man zufrieden ist, so wie auch eine Partnerschaft dazu beiträgt, einem gut zu tun. Aber Sie sollten sich nicht abhängig davon machen, ob diese oder andere Einflüsse in Ihrem Leben zeitweilig nicht perfekt umgesetzt sind. Und Sie sollten keinen einzelnen Bereich allein verantwortlich dafür machen, ob es Ihnen gut geht. Es ist immer eine Mischung aus vielerlei Komponenten, in deren Zentrum Sie selbst stehen. Denn Sie sind die Hauptperson in Ihrem Leben. Deshalb sollten Sie nun beginnen, den Blick auf sich selbst zu richten. So, wie wir es auch in der Kompetenzenbilanz machen, möchte ich Sie nun einladen, über Ihre Biografie nachzudenken und dabei die Frage in den Mittelpunkt zu stellen: Wie bin ich eigentlich die Person geworden, die ich heute bin?

2 Das bin ich

Wonach richten Sie sich eigentlich, wenn Sie sich beruflich orientieren möchten? Die Frage klingt vielleicht banal, aber das täuscht. Denn meistens gibt es keine konkrete Antwort darauf, und je öfter und genauer man nachfragt, desto unübersichtlicher werden die Antworten. Ich möchte das anhand eines Dialogs zeigen:

»*Frage: Warum haben Sie Ihren derzeitigen Job?*

Antwort: Es hat sich einfach so ergeben. Ich bin schon ein paar Jahre in der Firma, da wurde ich gefragt und dann habe ich es gemacht. Hat mehr Geld gegeben, etwas mehr Verantwortung. Hat gepasst.

Frage: Und warum wurden gerade Sie gefragt, diesen Job zu machen?

Antwort: Keine Ahnung. Vielleicht, weil ich in meinem Bereich ganz gut bin. Und ich bin auch länger dabei als die anderen.

Frage: War es das, was Sie immer wollten?

Antwort: Hm, nein – oder, ich weiß nicht. Ich hatte mir das nie so genau vorgestellt.

Frage: Warum haben Sie Ihren Beruf oder Ihre Ausbildung ausgewählt?

Antwort: Ich fand es ganz interessant und es hat auch so gepasst, organisatorisch gewissermaßen.

Frage: Sind Sie damit zufrieden?

Antwort: Zufrieden – das ist ein großes Wort. Kann man immer und dann auch noch mit allem zufrieden sein?

Frage: Ich denke nicht. Aber Sie können das Gefühl haben, selbst zu bestimmen, was Sie wollen, und das im Rahmen der praktischen Möglichkeiten auch umzusetzen.

Antwort: Das habe ich nicht immer getan. Weil ich oft nicht wusste, was ich wollte und dann einfach gemacht habe, was eben gerade möglich war. Was gewissermaßen so am Wegesrand gelegen ist, das habe ich dann eben aufgehoben und mir in den Rucksack gesteckt.

Ich habe bewusst kein inhaltliches Beispiel in den Dialog gepackt. Denn so oder ähnlich könnte es bei fast jedem hin und wieder im Berufsleben aussehen: Man treibt so dahin, nimmt Gelegenheiten wahr und geht Kompromisse ein zwischen dem, was einem angetragen wird und dem, was man sich selbst vorstellt. Bei vielen Menschen gewinnen dann irgendwann die äußeren Notwendigkeiten ein Übergewicht. Die Aufgaben, die einem gestellt werden, die Anforderungen, die gesetzt werden, das Geld, das man verdienen muss, die Chance, die man ergreifen sollte, weil man andernfalls in den Augen vieler dumm oder unverantwortlich wäre. Vielleicht auch die Erwartungen, die an einen gestellt werden. Und dabei geraten die eigenen Bedürfnisse in den Hintergrund. Manchmal so weit, dass man gar nicht mehr genau sagen kann, was diese Bedürfnisse überhaupt sind.

Das Berufsleben treibt Menschen dazu, den Blick immer wieder nach außen zu richten. Darauf, was andere von einem erwarten. Darauf, wo die besten Verdienst- und Aufstiegsmöglichkeiten sind. Darauf, wie sich die Tätigkeit im Lebenslauf machen wird. Der Blick auf sich und nach innen geht dabei häufig verloren oder tritt zumindest zeitweilig in den Hintergrund. Wenn eine Anforderung gestellt wird, steht die Anforderung im Vordergrund, und der Mensch mit seinen Bedürfnissen und Wünschen tritt häufig zunächst in den Hintergrund: »Was wird von mir erwartet?« statt »Was will ich?« Es ist völlig in Ordnung, sich auch am »Markt« zu orientieren. Aber den Blick nach innen sollten Sie darüber nicht vernachlässigen. Denn wenn Sie selbst die Hauptperson in Ihrer Biografie sind, kommen die Erwartungen, die andere an Sie haben, erst an zweiter Stelle.

Zum Thema *Hauptperson der eigenen Biografie* möchte ich zu einer Übung einladen. Schreiben Sie bitte in dieses Buch hinein, schließlich arbeiten Sie mit einem Workbook. Laden Sie sich außerdem die Vorlagen herunter und bearbeiten Sie diese.

Übung: Fotoalbum

Gibt es ein Foto, von dem Sie sagen würden: Das bildet mich so ab, wie ich mich am liebsten sehe, weil es mich so zeigt, wie ich bin und wie ich mich mag? Wichtig dabei: Es sollte ein Bild von Ihnen sein, in dem nicht alle Falten geglättet sein müssen, das aber auch nicht schonungslos jede Schwäche offenbart. Es sollte ein Bild sein, von dem Sie sagen: Das bin ich, ohne mich zu verstellen, und so mag ich mich.
Es soll nicht nur eine gedankliche Übung bleiben. Nehmen Sie Ihr Smartphone zur Hand und blättern Sie in den 10.000 Fotos der letzten Jahre. Beschränken Sie sich nicht auf ein einzelnes Bild. Sie werden sicher auf 1, 2, 3 oder 5 oder noch viel mehr Bilder kommen, von denen Sie sagen: Das bin ich. So mag ich mich. So gefalle ich mir. So bin ich, wenn ich ganz einfach ich bin.
Markieren Sie diese Fotos als Favoriten oder schieben Sie sie in einen Ordner, den Sie »Das bin ich« nennen. Dann blättern Sie die Bilder in Ruhe durch. Und überlegen Sie: Was ist es, dass ich an mir mag auf diesen Bildern? Warum bin das ich? Welche Seite von mir zeige ich da? Wo zeige ich diese Seite von mir? Warum zeige ich sie in anderen Kontexten nicht?
Es kann gute Gründe dafür geben, eine Seite von sich nicht in allen Bereichen zu zeigen oder ständig davon zu erzählen. Vielleicht zeigt ein Bild Seiten von Ihnen, von denen Sie manche gern im privaten und andere eher im beruflichen Bereich zeigen wollen. Nehmen wir an, sie wandern gern und haben ein Bild von sich in Wanderklamotten markiert, auf dem Sie verschwitzt und erschöpft, aber gesund strahlend auf einem Bergrücken stehen. Eins mit sich und der Welt, nicht perfekt vorteilhaft fotografiert. Aber: Das sind Sie! Sie müssen dieses Bild nicht jedem zeigen wollen. Vielleicht wollen Sie sich nur Ihren Freund:innen oder der Familie so zeigen. Vielleicht zeigt dieses Bild Ihre Sehnsucht, sich körperlich und in der Natur zu bewegen. Zugleich aber auch Ihre Freude daran sich anzustrengen, etwas zu erreichen und das auch mit anderen zusammen. Oder im Gegenteil: Vielleicht haben Sie den Berg ganz allein erklommen oder waren als erste:r oben? Manche dieser Eigenschaften und Leidenschaften möchten Sie gern im Privaten für sich behalten. Andere würden Sie vielleicht gern stärker im

Beruflichen zeigen. Vielleicht gibt es ein anderes Bild, das Sie in schicken Klamotten zeigt, elegant und smart. Auch das sind Sie vielleicht manchmal und auch gern. Ein andermal zeigen Sie sich als Familienmensch, ganz privat, Arm in Arm mit den Menschen, die Ihnen am nächsten stehen. Dann wieder gibt es ein Bild mit Freunden, beim Feiern. Oder im Urlaub oder einen Schnappschuss davon, wie Sie in der Achterbahn sitzen. Ich könnte diese assoziative Liste nahezu endlos fortsetzen. Es gibt viele Versionen von Ihnen, die alle Sie selbst sind. Keine Version schließt die andere aus. Ganz egal, welche Bilder Sie ausgesucht haben: Es gibt Gründe, warum Sie das jeweilige Bild zu den Favoriten in die Kategorie »Das bin ich« gewählt haben.

Sie sollten sich jetzt überlegen, welche Aspekte eine Rolle spielen, um das jeweilige Bild in Ihre Favoritenliste einzutragen. Blättern Sie die Bilder in Ruhe durch, und schreiben Sie sich zu jedem Bild einen oder mehrere Gründe auf:

Das bin ich, weil ...

Das bin ich, weil ...

Das bin ich, weil ...

Das bin ich, weil ...

Das bin ich, weil ...

Das bin ich, weil ...

2.1 Welche Rollen habe ich in meiner Biografie?

Ganz egal, ob Sie das Fotoalbum auf dem Handy angeschaut haben oder ob Sie sich etwas dazu aufgeschrieben haben: Sie haben sich Gedanken darüber gemacht, wer Sie sind und darüber, welche Rollen Sie einnehmen in Ihrem Leben: unter Freund:innen, in der Familie, im Job, beim Wandern, im Urlaub. Das sind alles Sie, aber in unterschiedlichem Kontext, in unterschiedlicher Kleidung, in unterschiedlichen Rollen.

An dieser Stelle möchte ich eine Vermutung anstellen: Sie haben den Wunsch, sich nicht zu verstellen. Und Sie möchten die meisten Ihrer Rollen auch gerne leben. Nicht alle im selben Ausmaß. Aber alle Rollen sollen die Chance haben, zur Geltung kommen zu können. Sie haben in Ihrem Fotoalbum auf Aspekte Ihres Lebens geblickt. Ich möchte Sie nun einladen, dies etwas intensiver und systematischer zu tun und sich mit Ihrer Biografie zu beschäftigen. Auch wenn Ihnen Ihr Leben natürlich bekannt ist, lohnt sich ein neuer Blick darauf, wie Sie die Person geworden sind, die Sie heute sind. Schließlich ist dies ein Biografie-Workbook.

Biografien sind niemals linear. Sie stellen sich in der Rückschau anders dar und werden in der Erzählung verfälscht. Das ist in Ordnung. Über Berufsmusiker:innen wird zum Beispiel mit Blick auf die frühe Kindheit gewöhnlich gesagt: Er:Sie habe schon als kleines Kind so gerne getanzt. Das allerdings ist eine Aussage, die man über nahezu alle Kinder treffen kann. Alle Kinder lieben Musik und tanzen dazu. Deshalb werden weder alle Kinder später zu Musiker:innen, noch haben alle gleichermaßen das Talent dazu. Aber in der Musiker:innenbiografie gewinnt dieser Aspekt rückblickend besondere Bedeutung. Das darf sein.

Ich lade Sie ein, intensiv darüber nachzudenken, wie Sie die Person geworden sind, die Sie heute sind. Sicher werden Sie am Ende dieses Kapitels keine Antwort darauf erhalten, die in einen Satz passt. Darum geht es auch nicht. Es geht darum, sich mit dieser Frage zu beschäftigen und sich selbst von unterschiedlichen Seiten zu betrachten.

In der eingangs erwähnten Kompetenzenbilanz heißt diese Übung die »Biografische Sammlung«, sie funktioniert auch dort ohne Coach. Ob Sie dafür Zettel und Stift zur Hand nehmen oder die Biografische Sammlung einfach im Kopf vornehmen, überlasse ich Ihnen.

Übung: Biografische Sammlung

Die Biografische Sammlung ist eine Liste von Fragen, mit Hilfe derer Sie sich einen Überblick über Ihre Werte, Entwicklungsstationen und wichtige Erlebnisse in Ihrem Leben verschaffen können: Sie tauchen in das eigene Leben ein und holen Fragen hervor, mit denen Sie sich normalerweise nicht beschäftigen. Dabei muss die Beantwortung dieser Fragen nicht auf ein genaues Ziel hinführen. Vielmehr geht es darum, diese Fragen einfach mal zum Thema zu machen. Die Biografische Maschine im eigenen Kopf in Gang zu bringen. Sie sollten dabei frei von jeglicher inneren Zensur sein. Sie müssen weder die Fragen noch Ihre Antworten oder sonstige Gedanken dazu mit irgendjemandem teilen. Sie müssen sich nicht überlegen, wie Sie bestimmte Dinge darstellen oder jemandem erzählen oder erklären können. Es geht nur um Sie und um das, was Sie sich aufschreiben oder denken.

Lassen Sie sich von den Fragen leiten und inspirieren. Es spielt keine Rolle, in welcher Reihenfolge diese Fragen beantwortet werden. Fangen Sie einfach bei der ersten Frage an und wenn Ihnen dazu spontan nichts einfällt, gehen Sie die Fragen durch, bis Sie an einer hängenbleiben, zu der Ihnen etwas einfällt. Das kann ein Stichwort, ein Halbsatz oder auch eine längere Antwort sein. Springen Sie dann zu der Frage, zu der Ihnen als nächstes etwas einfällt. Vielleicht kommt Ihnen dann ein Gedanke zu einer der Fragen, die Ihnen anfangs schwergefallen sind, und so füllt sich Ihre Biografische Sammlung allmählich. Wenn Sie sich die Antworten nur denken, dann ist das auch in Ordnung. Obwohl im Aufschreiben ebenfalls eine besondere Kraft liegt, wir kommen später darauf zurück. Manche nehmen diese Fragen auch zum Anlass, ein Bild zu malen. In die Mitte eines weißen Blatts schreiben Sie die Frage: Wie bin ich die Person geworden, die ich heute bin? Drum herum positionieren Sie die Fragen der Biografischen Sammlung und verbinden manche der Antworten durch Linien miteinander, so dass am Ende ein großes Geflecht von Fragen, Antworten und Verbindungen entsteht. Wie Sie es machen, bleibt Ihnen überlassen. Sie können sich mit den Fragen der Biografischen Sammlung 10 Minuten lang beschäftigen oder 20 oder 30 oder auch viel länger. Ich empfehle, sich nach ungefähr 20 Minuten von den Fragen zu lösen. Es ist schwer und auch gar nicht nötig, letzte Antworten zu finden. Legen Sie die Fragensammlung nach der Bearbeitung zunächst beiseite.

Biografische Sammlung

Wovon habe ich in meiner Kinder- und Jugendzeit geträumt?

....

Was hat mich im Laufe meines Lebens ganz besonders interessiert?

....

Welche einschneidenden Erlebnisse gab es in meinem Leben?

....

Welche Aktivitäten mache ich in meiner Freizeit ganz besonders gern, was habe ich dabei gelernt?

....

Was war mir bei meiner Berufswahl besonders wichtig?

....

Welche wichtigen Dinge habe ich in Schule und Ausbildung gelernt?
Was habe ich bei der Ausübung meines Berufs gelernt?

....

Was konnte ich von meinen Freunden/Freundinnen lernen?

....

Was hat in meinem Leben im Augenblick große Bedeutung?

....

Was bedenke ich, wenn ich Entscheidungen treffe?

....

Für welche Dinge setze ich mich besonders ein?

....

Was war meinen Eltern besonders wichtig?

....

Welche Werte sind mir besonders wichtig?

....

Was ist passiert, während Sie sich mit den Fragen der Biografischen Sammlung beschäftigt haben? Viele berichten davon, dass sie zunächst wenig einfallsreich und blockiert gegenüber dem Blick in die eigene Vergangenheit gewesen seien und dass sich diese Blockade allmählich gelöst habe. Die meisten erzählen dann, dass die Fragen einen regelrechten Sog der Erinnerung ausgelöst haben, der sie seit langem mal wieder in Kontakt zum eigenen Werdegang gebracht habe.

»*Zuerst habe ich gar nicht gewusst, was ich da hinschreiben soll. Aber dann ist mir schon einiges eingefallen. Wenn man da mal anfängt nachzudenken, dann kommt da unglaublich viel wieder hoch. Auch vieles, worauf ich jetzt ein bisschen stolz bin. Es sind Fragen, über die man nicht jeden Tag nachdenkt. Ich könnte jetzt ewig weiterschreiben.*

Es ist nicht alltäglich über die eigene Biografie nachzudenken. Viele Menschen geben an, sich noch nie auf diese Weise mit sich selbst beschäftigt zu haben. Vielleicht entwickelt sich bei Ihnen das Bedürfnis, mit jemandem über diese Fragen zu sprechen. Tun Sie das ruhig. Aber vielleicht lassen Sie die Biografische Sammlung auch zunächst einmal nachwirken und gehen einige Fragen oder ihre Antworten gedanklich noch einmal durch, während Sie etwa einen Spaziergang machen oder beim Joggen oder kurz vor dem Einschlafen.

Ein wesentlicher Aspekt ist, sich überhaupt Zeit für sich zu nehmen, an sich zu denken und über sich selbst nachzudenken. Und dabei eben nicht zu überlegen, was man tun muss oder sich sofort in Zielen, die man sich setzen möchte, zu verlieren. Es geht einfach darum, sich um sich selbst zu kümmern und dem nachzuspüren, wie Sie die Person geworden sind, die Sie heute sind.

2.2 Was sagt mir meine Biografie?

Warum soll es wichtig sein, über die eigene Biografie nachzudenken? Ist es nicht viel besser und sinnvoller, an die Zukunft zu denken als in Nostalgie zu verharren oder ungenutzten Gelegenheiten nachzutrauern? Nahezu immer, wenn man über sich nachdenkt, denkt man auch über die Vergangenheit nach und spricht darüber. Das eigene Leben ist nun einmal der Stoff, aus dem man das geworden ist, was man heute ist. Das beinhaltet eine gewisse Gefahr. Was, wenn es einem gerade nicht gut geht und man sich denkt: »Genau, wenn ich mir mein eigenes Leben anschaue, dann ist das eine Abfolge von Niederlagen und schlechten Entscheidungen, und jetzt haben wir den Salat. Jetzt geht es mir nicht gut, und mein Leben ist eine Verkettung unglücklicher Umstände, falscher Entscheidungen und Niederlagen, und wenn ich darüber nachdenke, dann kommt mir lediglich zu Bewusstsein, wie ich den ganzen Karren in den Dreck gefahren habe.« Das ist nicht gut! Das ist eine unnötig negative Umdeutung der eigenen Biografie, gefärbt durch eine aktuelle Stimmung. Ich denke, fast jede:r kennt diese Momente, in denen man sich in ein solches Szenario hineinsteigern kann.

Wie kann man aber das Nachdenken über die eigene Biografie so steuern, dass man nicht in einen negativen Strudel gerät? Ich halte nicht viel davon, sich selbst einzureden oder jemand anderen davon überzeugen zu wollen, dass man doch alles einfach von der positiven Seite sehen solle. So etwas wie »Schreibe Deine eigene Biografie auf, als wärst Du ein Superheld« funktioniert nicht. Es klingt danach, als sollte man sich austricksen. Dazu sage ich nur: Sie sollten sich selbst lieber ernst nehmen und für schlau genug halten, nicht auf billige Taschenspielertricks hereinzufallen.

Es herrscht in der Forschung weitgehend Einigkeit darüber, dass es sinnvoll ist, über die eigene Biografie nachzudenken und zu sprechen.

Ob mit Freund:innen, Therapeut:innen, mit einem Coach oder mit sich selbst. Es ist nicht nur sinnvoll, es kann auch sehr wohltuend und sogar heilsam sein. Es gibt allerdings ein paar Vorzeichen, unter denen dieses Erzählen stattfinden sollte, damit es nicht in Grübeln und Hadern mündet. Und auch wenn ich sage, dass Sie sich selbst nicht austricksen sollten, ist es sinnvoll, sich an diese Regeln zu halten, um der Erzählung über das eigene Leben einen gewissen positiven Drall zu geben. Sie sollten beispielsweise nicht versuchen, negative Ereignisse auszublenden. Aber: Sie können Ihre Konzentration darauf lenken, wie Sie aus einer Krise hervorgegangen sind, statt zu rekonstruieren, was falsch gelaufen ist, und wie es sich angefühlt hat, als Sie am Tiefpunkt einer Krisenzeit angelangt waren. Es gibt kein Leben ohne Krisen. Es wäre verlogen, diese auszublenden oder als irrelevant zu erachten. Im Gegenteil: Höhen und Tiefen sind wichtig im Leben. Und auch ohne sich selbst als Superhelden darzustellen, werden Sie in der Rückschau bei den meisten Krisen feststellen, dass Sie etwas Wichtiges daraus gelernt haben. Vielleicht haben Sie gelernt, dass Sie sich am eigenen Schopf aus dem Schlamassel ziehen mussten und Ihnen das auch gelungen ist. Vielleicht haben Sie auch gemerkt, dass es liebe Menschen in Ihrem Umfeld gibt, auf die Sie sich verlassen können und die Ihnen helfen. Vielleicht stellen Sie fest, dass Sie geduldig sind und jede Krise irgendwann endet. Oder Sie haben gelernt, dass man Pech aber eben auch einfach mal Glück haben kann. Der positive Drall, den Sie sich beim Nachdenken geben, sollte aber nicht zu heftig ausfallen. Denn es ist nicht verboten, etwas zu bedauern, zu betrauern oder sich etwas zurückzuwünschen.

Über die eigene Biografie nachzudenken, darüber wie man zu der Person geworden ist, die man heute ist, soll weder dazu führen, in Grübelei zu verfallen noch in Selbstvorwürfe oder Nostalgie. Das Nachdenken über die eigene Biografie ist dafür gut, die eigenen roten Fäden in der Biografie zu erkennen. Wichtige Themen im Leben zu identifizieren, die einem selbst in dieser Form zuvor nicht präsent gewesen sind. Es gibt Forschung dazu, was geschieht, wenn Menschen über ihre Biografie nachdenken. Oder noch besser: ihr Leben erzählen. Ich möchte ein paar Kernthemen aus der psychologischen Literatur herausgreifen, die durch biografisches Erzählen angestoßen werden:

Selbst-Verstehen

Durch biografische Erzählungen findet ein Prozess des Selbstverstehens statt. Manche Menschen fragen sich: Andere sind nach der Schule ins Ausland gegangen. Ich habe das nie gemacht. Warum eigentlich nicht? Die Antwort müssen Sie sich selbst geben.

Dialog mit sich selbst

Durch biografisches Erzählen kommt man den Motiven für solche bewussten oder auch unbewussten Entscheidungen, die mitunter weitreichende Folgen hatten, auf die Spur. Sie erfahren dadurch etwas über Ihre Gedanken, Ihre Gefühle und Ihre Motive. Biografisches Erzählen ist so etwas wie ein Selbstgespräch. Auch wenn Sie jemand anderem Ihr Leben erzählen, konstruieren Sie diese Erzählung in dem jeweiligen Moment neu und erzählen sich Ihr Leben ein Stück weit selbst.

Sog der Erzählung

Wenn Sie einmal angefangen haben, geraten Sie in einen Fluss der Erzählung. Es stellt sich der Wunsch nach Vollständigkeit ein. Wenn Sie jemand anderem in einer entspannten Situation Ihr Leben erzählen, dann kann es passieren, dass Sie bis in die Nacht hinein sprechen, weil Ihnen immer mehr einfällt, was noch dazu gehört.

Das eigene Leben reorganisieren

Wenn man das eigene Leben erzählt, sich dafür Raum nimmt und dazu noch jemanden hat, der:die aufmerksam und wertschätzend zuhört, dann reorganisiert man das eigene Leben ein Stück weit. Man fängt zum Beispiel an zu erzählen und ist in einer missmutigen, niedergeschlagenen Stimmung. Man denkt sich: Zurzeit bin ich nicht so zufrieden mit meiner aktuellen Situation, und durch diesen negativen Filter blickt man zunächst auf das eigene Leben zurück. Wenn man dann aber zwei Kniffe anwendet, um das eigene Leben zu erinnern, dann interpretiert man sein Leben ein Stück weit um. Man sollte sich darauf konzentrieren nachzudenken, in welchen Phasen man besonders viel gelernt hat. Das müssen nicht die Phasen sein, in denen es einem besonders gut gegangen ist. Man sollte außerdem darüber nachdenken, wo und warum man wichtige, große Entscheidungen getroffen hat, und noch ein Drittes: In jedem Leben gibt es Höhen und Tiefen. Man sollte beim Erzählen nichts ausklammern, aber man sollte sich nicht auf die Phasen des Tiefs konzentrieren, sondern sich überlegen: Was hat mir geholfen, aus einem Tief wieder herauszukommen, und wie ging es mir danach?

Hauptperson werden

Menschen, die auf diese Art und Weise ihr Leben erzählen, nehmen sich als aktiv und autonom wahr. Sie entwickeln außerdem ein Gefühl der Kontinuität. Wenn man lapidar über sein eigenes Leben spricht, sagt man vielleicht anfangs Dinge wie: Mein Leben ist ziemlich chaotisch, ich habe so manches nicht auf die Reihe bekommen, anderes hingegen schon, es ist ein völliges Durcheinander. Durch das Erzählen entsteht ein Gefühl der Kontinuität. Was zuvor als zufällig oder willkürlich wahrgenommen wurde, erhält durch die Erzählung einen Platz in der Entwicklung und wird als unverzichtbarer Teil der individuellen Biografie wahrgenommen. Wer sein Leben erzählt, entwickelt sehr häufig eine Zufriedenheit, ein Einverstanden sein mit dem eigenen Leben. Das Gefühl: Es ist vielleicht nicht alles großartig, aber es ist an sich in Ordnung wie es ist. Ich kann eigentlich stolz darauf sein, was ich alles schon gemacht habe. Ich bin viel weniger Spielball des Schicksals oder irgendwelcher Leute als ich vorher gedacht hatte, eigentlich ist das alles ganz in Ordnung, so wie es bis hierhin gekommen ist.

Sie haben sich nun schon einige Gedanken über Ihre Biografie gemacht. Sie haben sich mit Ihrem Fotoalbum beschäftigt und eine Fragensammlung zur eigenen Biografie angesehen und bearbeitet. Sie haben damit Einzelteile Ihrer Biografie zusammengetragen, Schlaglichter auf Ihr Leben geworfen, Puzzlestücke gesammelt, Mosaiksteine – wie man es auch nennen mag. Jetzt sollten Sie sich den Platz und die Zeit nehmen, Ihr Leben auf die Großleinwand zu bringen. Hierfür habe ich das Lebensprofil für die Kompetenzenbilanz entwickelt. Dieses hat zahlreiche Nachahmer:innen gefunden, die es in ihren Methodenkanon übernommen haben. Der Ursprung der Gestaltung und die Art und Weise, wie man es verwendet, liegt aber in der Kompetenzenbilanz.

Übung: Das eigene Leben im Breitwandformat – Das Lebensprofil

Was ist das Lebensprofil?

Das Lebensprofil ist ein großes Bild, auf dem Sie chronologische Erlebnisse und Ereignisse in den Lebensbereichen Familie und enge Beziehungen, Aus-, Fort- und Weiterbildung, Berufstätigkeit, sonstige Interessen aufschreiben oder malen. Außerdem gibt es eine Zeile mit einer Befindenskurve: »Wie ging es mir?«

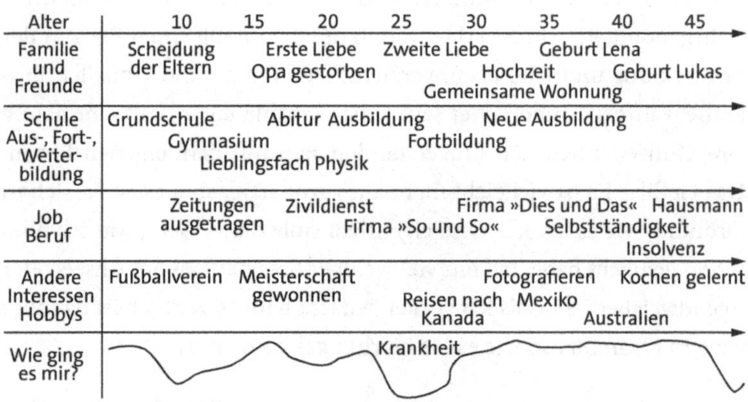

Schema des Lebensprofils

Sie sehen: Es kommt wirklich alles im Lebensprofil vor. Es darf zumindest alles darin vorkommen: Hochzeiten, Geburten, Todesfälle, Umzüge, Partner:innen, Liebeskummer, Streit, Reisen, Erfolge, Niederlagen, Neuanfänge, Hobbys, Ausbildungen, scheinbare Nebensächlichkeiten, Krankheiten,

Aufs und Abs jeder Art. Manche schreiben eher Stichworte ins Lebensprofil, andere fügen kleine Zeichnungen und Symbole ein: Herzen, Gewitterwolken, Ehering, Haus, Fußball, Musikinstrument. Manche kleben auch Fotos hinein, so dass eine große Collage entsteht. Manchmal ist es auch sinnvoll, in Lebensbereiche eine Befindenskurve zu zeichnen.
Letztlich bleibt es Ihnen überlassen, ob Sie alle vier Lebensbereiche einbeziehen. Sie können auch weitere Bereiche hinzufügen. Wenn zum Beispiel Reisen einen besonders wichtigen Raum in Ihrem Leben einnehmen, dann machen Sie auch dazu eine Kategorie auf. Wichtig ist vor allem:

- Tragen Sie die Ereignisse von links nach rechts chronologisch ein, so dass sie senkrecht zueinander passen.
- Nehmen Sie sich unbedingt den Raum für die privaten Dinge: Familie und enge Beziehungen, andere Interessen.
- Befindenskurve mit der Frage: Wie ging es mir zu dieser Zeit?

Wie groß Sie Ihr Lebensprofil machen wollen, bleibt Ihnen überlassen. Ich empfehle: Nehmen Sie hier im Buch das Muster und machen Sie eine kleine Skizze, in die Sie zunächst ein paar grundlegende Daten eintragen: Wann sind Sie zur Schule gegangen? Wann sind Sie von zu Hause ausgezogen? Wann sind Sie in den Beruf eingestiegen? Wann sind Sie besonders intensiv einem Hobby nachgegangen? Überlegen Sie, ob Sie alle Zeiträume auf der Zeitachse gleichlang gestalten oder ob es Zeiträume gibt, die mehr Platz benötigen als andere. Manchmal passiert in zwei Jahren unglaublich viel, und dann wieder fließen fünf Jahre eher gemächlich dahin.
Nehmen Sie sich für die erste Skizze etwa 20 Minuten Zeit.
Dann übertragen Sie die Skizze auf einen großen Bogen. Nehmen Sie sich ein möglichst großes Blatt Papier, dicke Filzstifte und gestalten Sie Ihr Lebensprofil. Wenn Sie Flipchart-Papier bekommen können, nehmen Sie dies oder kleben sogar mehrere davon zusammen. Das geht natürlich auch mit vier DIN-A4- oder DIN-A3-Blättern, die Sie mit Tesafilm zu einem größeren Bogen zusammenkleben. Ich habe auch schon Personen erlebt, die eine ganze Bahn von Millimeterpapier-Bögen aneinandergeklebt haben, um Monat für Monat die Befindenskurve der letzten 30 Jahre einzutragen.

Wie auch immer: Wichtig ist vor allem, dass Sie sich Raum nehmen und sich nicht auf das kleine Format eines DIN-A4-Blatts beschränken. Auch wenn nicht alle Informationen eines Lebensprofils von gleicher Relevanz sind, so ist doch der intensive Reflexionsprozess, der zu dem jeweiligen Ergebnis geführt hat, wesentlich. Hierin liegt der zentrale Wert des Lebensprofils. Nehmen Sie sich Zeit dafür.
Allein das ist ein Luxus. Wann nehmen Sie sich schon Zeit, einfach mal mehrere Stunden über sich selbst nachzudenken? Achten Sie darauf, dass Sie einen ruhigen Platz haben, an dem Sie nicht gestört werden. Das Lebensprofil ist ein sehr persönliches Dokument. Es ist nicht schön, wenn Ihnen jemand über die Schulter schaut, während Sie daran arbeiten. Achten Sie auf sich und auf Ihren privaten Raum.

Lassen Sie das Lebensprofil auch einmal liegen und gehen spazieren oder machen etwas ganz anderes. Sie werden sehen, dass Ihnen weitere Dinge einfallen werden.

Was erzählen Menschen, die ein Lebensprofil gemacht haben?

»Es arbeitet immer weiter«

»*Ich habe erstmal auf einem kleinen Papier angefangen und überlegt und strukturiert: Wann bin ich in die Schule gegangen? Wann bin ich ausgezogen? Wann war ich mit dem Studium fertig? Was war mein erster Job? Mein zweiter? Was war währenddessen privat? Mit wem hatte ich zu tun? Was waren zu der Zeit meine Hobbys? Das DIN-A4-Papier war schnell voll, aber ich hatte schon mal eine Struktur. Dann ist mir so viel eingefallen, und ich bin auf das große Format gewechselt und habe da erstmal die Eckpunkte untereinander eingetragen. Das hat dann weitergearbeitet. Beim Einschlafen, beim Aufwachen, beim Joggen. Und mir ist dann so viel eingefallen! Ich hatte einige Fortbildungen und Jobs total vergessen. Die sind jetzt aktuell für mich auch nicht von zentraler Be-*

deutung – aber es ist so wertvoll, dass ich einfach mal sehe, was ich alles schon gemacht habe.

»Ich bin stolz«

»*Man generalisiert ja häufig: Ich bin jetzt unzufrieden, weil ich vor 15 Jahren schon eine falsche Entscheidung getroffen habe. Vielleicht sollte ich überhaupt etwas ganz anderes machen oder hätte die Weichen viel früher anders stellen müssen. Aber jetzt sehe ich allein durch das Lebensprofil: Es hat alles seinen Sinn und seinen Platz in meinem Leben. Es hängt vieles zusammen und hat alles seinen Grund. Das heißt nicht, dass mein Wunsch nach Veränderung jetzt nicht mehr da wäre, aber ich bin jetzt irgendwie ganz einverstanden mit mir und meiner Biografie. Und ich bin auch stolz.*

Mir begegnen solche Erkenntnisse in der Praxis sehr oft. Ohne dass man das Lebensprofil bespricht, stellt sich ein tiefgreifender Reflexions- und Erkenntnisprozess ein. Deshalb empfehle ich auch Ihnen, ein Lebensprofil zu erstellen. Das ist ein emotionaler Prozess. Es kann passieren, dass Sie sich an glückliche Momente erinnern, nostalgisch werden, stolz sind, traurig sind – alle Gefühle sind erlaubt und kommen meiner Erfahrung nach vor. Nicht bei allen, aber bei vielen Menschen.

Später können Sie über das Lebensprofil oder darüber, wie es war, es zu erstellen, auch mit einem:r Freund:in oder Ihrem:r Partner:in sprechen. Das kann sehr schön sein.

Während Sie das Lebensprofil erstellen und wenn Sie darüber nachdenken oder sprechen, sollten Sie versuchen, sich an folgenden Leitfragen zu orientieren.

- In welchen Situationen habe ich besonders viel gelernt?
- Wo habe ich wirklich wichtige, weichenstellende Entscheidungen getroffen?
- Wenn die Befindenskurve nach unten und wieder nach oben geht: Denken Sie nicht so sehr darüber nach, warum die Kurve nach

unten gegangen ist. Das wissen Sie vermutlich ohnehin. Denken Sie eher darüber nach, was Ihnen dabei geholfen hat, dass die Kurve schließlich wieder nach oben gegangen ist.

Ich kann in einem Buch keine große Pause oder Reflexionszeit vorschreiben. Aber ich kann es anregen. Lassen Sie sich ein wenig Zeit und lassen Sie die Dinge, über die Sie nachgedacht haben, wirken. Legen Sie das Buch für ein paar Tage zur Seite, sprechen Sie vielleicht auch mit jemandem über die Dinge, die Ihnen durch den Kopf gehen.

Nehmen Sie nach einer kleinen Pause das Buch wieder zur Hand und machen sich ein paar Notizen:

Was ist mir insgesamt durch das Lebensprofil aufgefallen?

....

Wenn ich rote Fäden gesehen habe, welche sind das? Wie nenne ich diese?

....

Welche Zusammenhänge und Parallelen erkenne ich zwischen den unterschiedlichen Lebensbereichen?

....

Auf was bin ich stolz?

....

Wo habe ich besonders viel gelernt?

....

Welche Zeiten in meinem Leben waren besonders wichtig?

....

Ich wünsche Ihnen viel Freude bei der Beschäftigung mit Ihrem Lebensprofil und auch mit dem Nachdenken und Reden darüber.

2.3 Welche Bedürfnisse habe ich?

Wie erwähnt überlastet man häufig die Berufstätigkeit auch damit, alle Bedürfnisse erfüllen zu sollen. Die Zufriedenheit mit dem Beruf ist nur ein Teil der Lebenszufriedenheit. Diese hat viel damit zu tun, wie weit man den Bedürfnissen mit der eigenen Lebensweise insgesamt gerecht werden kann. Ich möchte hierfür noch einmal mein eigenes Beispiel ins Feld führen: Ich habe das starke Bedürfnis, mich kreativ auszudrücken. Die Musik schenkt mir hierfür Wege. Ich habe das Glück, Musik machen zu können. Musik zu machen ist ein kreativer und ein kommunikativer Akt. Ich habe festgestellt, dass ich mich über Musik anderen Menschen zeigen und mit ihnen kommunizieren kann. Auch habe ich andere Menschen über Musik sehr nah erleben können. Das empfinde ich als großes Geschenk. Lange habe ich damit gehadert, die Musik nicht zu meinem Beruf gemacht zu haben. Inzwischen habe ich festgestellt, dass es nicht so wichtig ist, ob ich von der Musik leben kann oder nicht. Die Lebensumstände erlauben es aktuell nicht. Dafür habe ich jedoch alle Freiheiten, die Musik machen zu können, auf die ich gerade Lust habe. Ich möchte dabei auch ein Publikum erreichen, weil Musik wie jede Kunst eine Form der Kommunikation ist. Ob ich dabei jedoch mit 100 oder 500 oder 1000 Menschen in einem Saal kommuniziere, ist zwar nicht völlig unerheblich, aber letztlich nebensächlich. Natürlich wäre es toll, einen großen Erfolg zu haben und sich ausschließlich der Musik widmen zu können. Aber das Grundbedürfnis, sich über Musik auszudrücken und mit anderen Menschen auf diesem Weg kommunizieren zu können, kann auch erfüllt werden, wenn man überhaupt Zeit dafür findet und vor Menschen spielen kann.

Anerkennung muss nicht an Einkommen gekoppelt sein, Aufmerksamkeit nicht an Quantität. Das Gefühl gesehen zu werden hat wenig mit der Menge von Menschen zu tun, die einen sehen, sondern damit, überhaupt gesehen zu werden. Deshalb ist es so wesentlich, die Bedürfnisse hinter den Rollen und den Wünschen zu erkennen, die man hat.

Ein Beispiel: Auf die Frage »Was ist Dein tiefstes Bedürfnis für den nächsten Urlaub?« könnte die Antwort lauten: »Ich möchte ans Meer fahren.« Ans Meer zu fahren ist aber kein Bedürfnis. Es ist eine Strategie, um ein Bedürfnis zu erfüllen. Ein Bedürfnis kann es sein, zur Ruhe zu kommen, sich dem Nichtstun hinzugeben oder ähnliches. Dieses Bedürfnis durch einen Urlaub am Meer zu befriedigen ist vielleicht für Sie die beste Strategie. Aber wenn Sie das Bedürfnis hinter Ihrer Strategie erkennen, werden Sie vielleicht flexibler darin, wie Sie Ihre Bedürfnisse erfüllen können, ohne von ihnen abzurücken. Und damit wird es wahrscheinlicher, dass Sie zufrieden sein können.

Beziehen wir diese Gedanken einmal auf den Begriff der *Karriere*. Auf die Karriere bezogen formulieren Sie vielleicht Wünsche wie sich finanziell besser stellen zu können und erhoffen sich davon Anerkennung. Oder Sie befürchten, durch einen Jobwechsel hin zu einem Job, der mehr Ihren Bedürfnissen entgegenkommt, Geld oder auch Anerkennung zu verlieren. Es ist dann die Frage, wie Sie diese Bedürfnisse gewissermaßen aufspalten können. Vielleicht ist das Bedürfnis, das Ihrem Wunsch zugrunde liegt, durch einen Jobwechsel zu befriedigen. Vielleicht ist aber auch eine andere Strategie erfolgreich und hilft Ihnen sogar dabei, allen Bedürfnissen nachzukommen und nicht ein Bedürfnis gegen das andere auszuspielen.

Wenn man sich beruflich orientiert, wird man häufig darauf gestoßen, der Beruf solle auf eine Karriere hinauslaufen. Dabei ist der Begriff »Karriere« vielfältig und zwiespältig. Wenn man von Karriereberatung und Karrierecoaching spricht, klingt das immer danach, als sollte hier ein Weg gefunden werden, um auf einer Karriereleiter eine nächste Sprosse zu erklimmen, mehr Einfluss oder auch Macht zu gewinnen und letztlich mehr finanziellen Erfolg zu haben.

Damit wir uns nicht falsch verstehen: Ich habe weder etwas gegen den Weg nach oben noch gegen beruflichen Aufstieg und finanziellen Erfolg. Das sind sehr legitime Ziele! Aber es greift viel zu kurz, die eigenen Entwicklungsmöglichkeiten nur auf diese Ziele zu reduzieren. Viele Menschen macht es irgendwann unglücklich, sich darauf zu beschränken, materiellen Erfolg erreichen zu wollen und dabei ihre persönlichen Bedürfnisse zu vernachlässigen. Die wenigsten Menschen hadern am Ende ihres Lebens damit, zu wenig gearbeitet haben.

Häufig verknüpft man Ziele und die Erwartungen, die daran hängen, in unzulässiger Weise miteinander. Wenn zum Beispiel ein Bedürfnis darin besteht, frei über seine Zeit bestimmen zu können, kann es eine Strategie sein, über so viel Geld zu verfügen, dass man irgendwann nicht mehr arbeiten muss. Eine ganz andere Strategie kann jedoch darin bestehen, auf so viele Dinge zu verzichten, dass man nur ganz wenig Geld benötigt, also auch nur sehr wenig arbeiten muss, um ebenfalls das Leben einigermaßen zeitsouverän gestalten zu können. Das mag man aus anderen Gründen nicht wollen. Aber für sich betrachtet ist der Weg über viel Arbeit viel Geld zu verdienen, um dann irgendwann einmal wenig arbeiten zu müssen, nicht der einzige Weg, um das Bedürfnis nach Zeitsouveränität erfüllen zu können. Mit dem Nichtstun könnte man schließlich auch sofort beginnen.

Wenn Sie an Ihre Zukunft denken, empfehle ich Ihnen, nicht ausschließlich auf ein Ziel fokussiert zu sein. Das mag im Widerspruch zu anderen Ansätzen liegen, in denen Wert daraufgelegt wird, genau das zu tun: sich zum Beispiel immer wieder genau ein attraktives Ziel vorzustellen, dieses konkret im Blick zu haben und alles darauf auszurichten, dieses Ziel und nichts anderes zu verfolgen. Auch das möchte ich Ihnen nicht ausreden. Sie können Ziele haben, und wenn Sie ein solches Ziel gefunden haben, das Sie nachhaltig und konsequent verfolgen wollen, dann sollten Sie das auch tun. Sie sollten sich dann nicht ablenken mit Nebenzielen, Ausweichmöglichkeiten und Rettungsankern, sondern einfach All-In gehen im Vertrauen darauf, dass dies der beste Weg ist, um das Ziel auch wirklich zu erreichen oder im Zweifelsfall eben immer wieder auf den Füßen zu landen und einen anderen Weg gehen zu können.

Aber zu solch einem Ziel, dem man so richtig vertraut, muss man erst einmal kommen. Und es hilft Ihnen zu wissen, welche Bedürfnisse Sie mit Ihrem Ziel befriedigen möchten. Dann werden Sie sehen, dass ein Ziel nur eine Strategie für die Befriedigung Ihres Bedürfnisses ist. Und es wird möglich, flexibler in der Wahl der Ziele zu sein. Denn vielleicht eignen sich unterschiedliche Ziele dafür, ein und demselben Bedürfnis zu folgen. Aber wir sind noch lange nicht bei den Zielen.

Es kommt immer wieder vor, dass jemand ein Karrierecoaching mit einem Karrierewunsch und der Frage nach Aufstieg und Veränderung beginnt und die Reise dann in eine ganz andere Richtung geht als zunächst erwartet.

»*Tobias ist 38 Jahre alt. Er ist verheiratet und Vater von zwei Kindern. Beide Kinder sind schon in der Schule. Tobias ist voll berufstätig, und seine Frau arbeitet 30 Stunden in der Woche. Es gelingt ihnen, sich ihre Arbeit so einzuteilen, dass sie für die Kinder in dem Maße da sein können, wie sie es möchten. Tobias arbeitet im strategischen Marketing eines mittelständischen Unternehmens. Er fühlt sich in seinem Job seit einiger Zeit nicht mehr wohl. Er hat das Gefühl, sich im Kreis zu drehen, die Routinen, die Meetings, alles wird ihm langweilig. Und am Abend kommt er gerädert aus dem Job oder klappt im Homeoffice den Rechner zu, widmet sich dann noch den Kindern, und der Tag ist gelaufen. Der 40. Geburtstag naht, und Tobias überlegt sich: Muss das jetzt immer so weitergehen? Oder soll ich dieses Datum zum Anlass nehmen und bis dahin vielleicht noch etwas ganz Neues anfangen? Oder mich um eine andere Stelle bewerben und aufsteigen? Dann habe ich mehr Verantwortung, aber auch mehr Gestaltungsspielraum und damit mehr Freiheiten.*

Ich will den Weg durch das Coaching an dieser Stelle abkürzen: Es stellt sich heraus, dass Tobias gar nicht unbedingt das Bedürfnis nach Aufstieg oder Veränderung hat. Der Job und das Umfeld gefallen ihm gut, und der Gedanke sich zu verändern stresst ihn ungemein. Zurzeit zumindest. Wir erarbeiten als Weg für die kommende Zeit, dass Tobias seine Stelle ein wenig reduziert, um mehr Zeit für sich haben zu können. Seine Frau hingegen arbeitet einige Stunden in der Woche mehr. Dadurch übernimmt Tobias zu Hause mehr Aufgaben. Aber es bleiben ihm ein paar mehr Stunden in der Woche, um ein lange zur Seite gedrängtes Hobby wieder zu beleben: Tobias nimmt sich vor, sein altes Rennrad zu überholen und wieder regelmäßig Radtouren alleine oder auch mit seinen zwei besten Freunden zu machen. Ich erfahre im Anschluss an das Coaching: Das hat geklappt. Erst hat Tobias einige Wochen lang sein Rennrad repariert, dann ist er zunächst alleine ein paar Touren gefahren, dann gemeinsam mit seinen Freunden. Einmal in der Woche zwei Stunden mit einem seiner Freunde und ein- bis zweimal eine Stunde alleine. Außerdem erfüllte er sich mit seinen Freunden einen lange gehegten Traum und fuhr mit ihnen eine knappe Woche mit dem Fahrrad durch die Provence. Das, so haben sie es sich vorgenommen, würden sie fortan einmal im Jahr gemeinsam machen. Tobias ist ausgeglichener und glücklicher, auch körperlich machen sich seine Aktivitäten bemerkbar. und die Arbeit macht ihm wieder Spaß. Natürlich fährt er auch die Arbeitswege meistens mit dem Fahrrad. Die Zufriedenheit kommt nicht in erster Linie aus dem Job und sie wird nicht weniger dadurch, dass Fahrradfahren nichts mit Geldverdienen zu tun hat. Aber das spielt keine Rolle. Für den Moment ist ein Arrangement gefunden, in dem Tobias sowohl im Beruf zufrieden ist als auch eine andere Seite von sich ausleben kann, um dabei Zeit für sich zu finden. Obendrein erleben auch seine Frau und die Kinder einen ausgeglichenen Tobias, was ebenfalls der ganzen Stimmung guttut. Es kann gut sein, dass Tobias in ein oder zwei Jahren auf den Gedanken kommt, sich wirklich beruflich zu verändern, indem er sich auf eine andere Stelle bewirbt oder sogar eine weitere Qualifikation anstrebt. Aber für den Moment ist es sehr gut so, wie es ist.

Was kann man aus diesem Fall lernen?

Wir sollten den Beruf oder die Erwerbstätigkeit nicht um jeden Preis damit belasten, uns in jeder Hinsicht glücklich machen zu müssen. Wir können unsere Bedürfnisse auch nicht beliebig auf verschiedene Situationen verteilen – dann verzetteln wir uns. Es braucht eine stabile Basis. Aber es ist völlig in Ordnung, nicht alle Bedürfnisse in einem perfekten Job befriedigt wissen zu wollen. Keine Arbeit ist eben für alle Zeiten von Montag bis Freitag großartig. Es gibt stressige und auch mal langweilige Aufgaben. Es gibt Dinge, die große Freude bereiten und andere, durch die man eine Zeitlang durchmuss. Dann gibt andere Dinge, die ein höheres Befriedigungspotenzial bieten und einen Ausgleich schaffen. Nehmen Sie sich deshalb an dieser Stelle Zeit und denken Sie über Ihre Bedürfnisse nach.

Übung: Bedürfnisse

Welche Bedürfnisse stecken hinter den Dingen, die Sie tun? Mit dieser Frage kommt man schnell an Grundlegendes.

Ein Beispiel: Ich laufe gerne. Welche Bedürfnisse kann ich damit erfüllen?

Hierfür hilft mir eine simple gedankliche Reflexionsübung, ein Selbstgespräch.

Aussage: Ich laufe gerne, weil es mich ausgeglichen macht.
Frage: Warum?
Aussage: Weil ich dann in der Natur bin.
Frage: Warum hilft die Natur?
Aussage: Weil ich beim Laufen allein bin.
Frage: Warum bin ich gerne allein?
Aussage: Weil da meine Gedanken zur Ruhe kommen.

Ich erfülle also das Bedürfnis, meine Gedanken zur Ruhe kommen zu lassen, indem ich laufe. Gesund für den Körper ist es obendrein. Dieses Gespräch kann ich im Hinblick auf viele Tätigkeiten, denen ich gerne nachgehe, mit mir selbst führen, und das sollten auch Sie jetzt tun.

Denken Sie an das erste Stichwort, das Ihnen aus der Beschäftigung mit Ihrer Biografie in den Sinn kommt. Es sollte etwas sein, das Sie gerne tun. Es ist gleichgültig, ob es ein berufliches oder ein privates Thema ist.
Dann fragen Sie sich, warum Sie das gerne tun. Und auf die Antwort fragen Sie wieder mit einem warum. Und danach noch einmal, bis Sie zu einem vorläufigen Ende mit diesem Fragespiel gekommen sind.
Führen Sie dieses Selbstgespräch im Hinblick auf beliebig viele Begriffe.
Zum Abschluss können Sie sich die Ergebnisse aufschreiben.

Was ich gerne tue:

....

Mein Bedürfnis dahinter:

....

Was ich gerne tue:

....

Mein Bedürfnis dahinter:

....

Was ich gerne tue:

....

Mein Bedürfnis dahinter:

....

Was ich gerne tue:

....

Mein Bedürfnis dahinter:

....

Mit den grundlegenden Bedürfnissen berühren wir schon ein Thema, das wir auch bereits in der biografischen Arbeit angestoßen haben. Sowohl mit dem Fotoalbum als auch mit der Biografischen Sammlung, als auch mit dem Lebensprofil. Die roten Fäden unserer Biografie und auch die Bedürfnisse sind Hinweise auf die grundlegenden Werte, an denen wir uns in unserem Leben orientieren. In der Biografischen Sammlung wurden Sie auch schon einmal nach Ihren Werten gefragt. Dem Thema Werte könnte man ein eigenes Buch widmen. Und wenn man ehrlich ist, geht es in diesem gesamten Buch immer auch um Werte in unterschiedlicher Form. Man kann sich nicht mit der eigenen Biografie beschäftigen, ohne Werte zu behandeln.

Ganz explizit möchte ich aber im folgenden Kapitel das Thema Werte behandeln und auch mit einer anschließenden Übung versehen. Wie gesagt: Im Grunde genommen haben Sie sich bis jetzt die ganze Zeit schon um Ihre Werte gekümmert.

2.4 Was ist mir wichtig? Über Werte

Was sind Ihre wichtigen Werte? Das ist eine Frage, die richtiggehend erschrecken kann. Sie klingt groß und meiner Erfahrung nach für viele fast bedrohlich. Und in der Antwort wird die große Frage dann in gewisser Weise kleingemacht und auf Allerweltsausdrücke eingedampft: Freiheit, Gerechtigkeit, Frieden, Gesundheit – Friede, Freude, Eierkuchen.

Fangen wir damit an, was Werte eigentlich sind. Werte sind Überzeugungen, die in Ihren Einstellungen, Ihren Erwartungen und Ihrem Handeln eine zentrale Rolle einnehmen. Es gibt kollektive Werte, auf denen Regelsysteme für ganze Gesellschaften aufgebaut werden. Die Gleichheit vor dem Gesetz ist zum Beispiel ein solcher Wert. Oder die Gewaltenteilung. Demokratische Systeme haben einen Wertekatalog, auf dem sie aufgebaut sind, und sobald auch nur einer dieser Werte bedroht oder beschädigt wird, steht das ganze System in Frage. Solange die Werte eingehalten oder erfüllt sind, bemerkt man gar nicht viel von ihnen. Ähnlich ist es mit individuellen Werten. Sie sind gewissermaßen Grundlage der eigenen, ganz persönlichen Verfassung. Orientierungspunkte dafür, was man ist und wer man ist. Sie bieten Hinweise auf die Grundlage dessen, wonach man denkt und handelt. Das klingt abstrakt, aber man kann den Begriff der Werte durch die Umkehr konkreter machen. Werte treten besonders dann deutlich zu Tage, wenn sie in Frage gestellt oder bedroht werden. Wenn also eine Situation eintritt, in der ich nicht meinen Werten gemäß handeln kann oder ihnen entsprechend behandelt werde.

Ein Beispiel: Freiheit ist für die meisten Menschen ein hohes Gut. Freiheitsentzug ist in unserer Gesellschaft die höchstmögliche Strafe. Aber jenseits eines solch extremen Szenarios ist das Bedürfnis, Freiheit zu leben, sehr unterschiedlich ausgeprägt. Manche Menschen mögen es ganz gern, in einem Job zu arbeiten, der klare Strukturen vorgibt. In dem es klare Ergebniserwartungen und Prozesse gibt, nach denen man handeln soll. Natürlich mögen diese Menschen auch nicht eingesperrt sein. Aber es gibt ihnen Sicherheit, in Strukturen aufgehoben zu sein.

Andere Menschen hingegen fühlen sich durch derlei Strukturen bedroht. Sobald es Prozessvorgaben gibt, fühlen sie sich in ihrer Freiheit eingeschränkt. Menschen, die die Sicherheit bevorzugen, fühlen sich bedroht, wenn die äußeren Leitplanken für das eigene Handeln entfallen. Es gibt dabei kein Gut und Schlecht. Es sind andere Werte, die zu anderen Bedürfnissen und zu anderen Handlungsweisen führen. Dieses unmittelbare und elementare Gefühl der Bedrohung unterscheidet Werte von Kompetenzen, Potenzialen oder Stärken.

Bleiben wir bei dem Gegensatzpaar Sicherheit und Freiheit. Natürlich hat jeder Mensch eine Position zu diesen Begriffen. Manche präferieren das eine, manche das andere. Für viele stellt jedoch keiner der Begriffe einen zentralen Wert dar. Es gibt Menschen, die sowohl unter sehr strukturierten Bedingungen arbeiten können als auch unter solchen Bedingungen, die sehr viele Freiheiten zulassen oder das aktive Wahrnehmen von Gestaltungsfreiheiten erfordern. Es gibt Menschen, die beides gut und gerne tun. Mal das eine, mal das andere. Sie haben die Kompetenz, sich mit beiden Bedingungen gut zurechtzufinden. Stellt einer der Begriffe jedoch einen zentralen Wert dar, so wird sich die Person mit hoher Wahrscheinlichkeit schnell elementar bedroht fühlen, wenn Arbeitsbedingungen eintreten, die diesem Wert nicht entsprechen.

Eine Kompetenz setze ich gerne um, ich kann sie einsetzen aber auch mal eine Zeit lang ruhen lassen. Wenn ein Wert bedroht ist, schrillen schnell die Alarmglocken. Es kann sein, dass der Wert Freiheit zentral für mich ist, aber es einfach äußere Notwendigkeiten gibt, die mir sagen: Ich muss jetzt eine Zeitlang unter anderen Bedingungen arbeiten. Aber auch dann wird man sofort spüren, dass man im Grunde gegen einen seiner zentralen Werte handelt. Die Diskrepanz zum Wert wird sofort spürbar. Letztlich befassen sich alle Übungen in diesem Buch mit dem Thema Werte. Ganz besonders die Übungen, in denen Sie über Ihre eigene Biografie nachdenken. Ich stelle nun eine besondere Übung vor, die Ihnen helfen soll, ein paar Ihrer zentralen Werte herauszuarbeiten.

Übung: Werte

Wenn Sie sich die folgende Liste ansehen, werden Sie feststellen, dass Sie zu den meisten dieser Werte *Ja* sagen können. Wer ist schon gegen Ehrlichkeit? Wer möchte nicht respektiert werden oder andere respektieren? Wem ist Frieden unwichtig? Denken Sie daran, dass es weitere Begriffe gibt. Die Liste ist nicht vollständig. Viele weitere Begriffe würden Ihnen wesentlich erscheinen. Ergänzen Sie die Liste gern durch Werte, die Ihnen einfallen.

- Ehrlichkeit
- Loyalität
- Verantwortung
- Freundlichkeit
- Kreativität
- Geduld
- Großzügigkeit
- Mut
- Frieden
- Bildung
- Gesundheit
- Sicherheit
- …
- Respekt
- Gerechtigkeit
- Mitgefühl
- Selbstachtung
- Toleranz
- Dankbarkeit
- Integrität
- Bescheidenheit
- Zusammenarbeit
- Familie
- Natur
- Freiheit

Interessant wird es, wenn Sie nun einzelne dieser Werte weglassen müssen, um zu einem Satz von fünf Werten zu kommen. Warum fünf? Es müssen nicht genau fünf sein. Die Zahl hat sich in meiner langjährigen Praxis als ein Umfang von Werten herausgestellt, den man sich einigermaßen gut merken kann, der gut kommunizierbar ist, nicht beliebig ist und in Bewerbungsunterlagen dargestellt werden kann. Wenn Sie drei zentrale Werte daraus machen können, auch gut!

Um die Liste der Werte zu reduzieren, schneiden Sie die Wertekarten aus dem Download-Material aus und legen Sie sie sich hin.

Jetzt greifen Sie einen beliebigen Wert heraus und legen einen anderen daneben. Nun müssen Sie sich entscheiden: Welchen der beiden Werte bevorzuge ich? Es gibt in dieser Phase keine Gleichwertigkeit der Werte. Einer muss gewinnen. Den Wert, den Sie wichtiger finden, legen Sie auf die rechte Seite, den anderen auf die linke. Wenn Sie sich sicher sind, dass der links liegende Wert im weiteren Verlauf keine Rolle mehr spielen wird, legen Sie ihn nach ganz links außen. Dann nehmen Sie sich das nächste Wertepaar vor. Nach einer Weile haben Sie drei Stapel. Die Sieger, die ausgemusterten Werte und einen Stapel, der in der ersten Runde verloren, aber im weiteren Verlauf noch eine Chance hat.
Legen Sie jetzt erneut Paare. Wenn ein Wert zum zweiten Mal auf der Verliererseite ist, legen Sie ihn ganz zur Seite. Sortieren Sie die verbliebenen Werte mehrmals durch, bis Sie schließlich die Gesamtzahl erheblich reduziert haben. Zwingen Sie sich dazu, am Ende auf maximal fünf verbleibende Werte zu kommen. Stellen Sie sich dabei immer die Frage: Fühle ich mich bedroht, wenn ich diesen Wert nicht leben kann? Denken Sie an konkrete Situationen, in denen Sie die Relevanz des jeweiligen Wertes in Ihrem Leben besonders gespürt haben.
Nennen Sie diese Werte einer vertrauten Person und erklären ihr, warum Sie diese Werte ausgewählt haben. Fragen Sie danach, ob sie verstehen kann, was Sie meinen. Fragen Sie, ob die andere Person Sie so wahrnimmt, wie Sie es schildern. Lassen Sie sich nicht durcheinanderbringen, wenn diese ein anderes Bild von Ihnen hat. Vielleicht arbeiten Sie mit verschiedenen Begriffen oder haben unterschiedliche Beispiele im Kopf. Das ist in Ordnung. Fragen Sie Ihr Gegenüber auch nach den eigenen Werten. Das kann ein gutes Gespräch werden.

Meine Werte:

- ....
- ....
- ....
- ....
- ....

3 Das kann ich

Sie haben sich jetzt über mehrere Kapitel hinweg damit beschäftigt, wie Sie die Person geworden sind, die Sie heute sind. Auf eine einfache Antwort werden Sie dabei nicht gekommen sein. Aber Sie haben Themen an die Hand bekommen, die immer wiederkehren. Die sich als rote Fäden durch Ihre Biografie ziehen. Als Refrains oder Muster, an denen Sie zum Teil anstoßen, die Ihnen aber auch Hinweise darauf geben, woran Sie sich in Zukunft orientieren möchten. Ob in Entsprechung zu den Mustern, denen Sie bisher gefolgt sind oder im Kontrast dazu: Das ist Ihnen überlassen.

Wer Sie sind: Dazu haben Sie sich einige Notizen gemacht oder zumindest Gedanken dazu gebildet, um sagen zu können: Das bin ich! Und wenn Sie es auch nicht auf einen einzelnen Satz bringen werden, so haben Sie doch einige griffige Sätze an der Hand, mit denen Sie sich hoffentlich wohl fühlen, weil sie authentisch zu Ihnen passen. Wir wollen diese Aussagen am Ende des Buches noch einmal auf ihre Gültigkeit hin überprüfen. Jetzt aber kümmern wir uns erstmal um die zweite der drei Fragen: *Was kann ich?* Ich möchte Sie darin unterstützen, Antworten darauf zu finden. Auch daraus wird sicher nicht ein einzelner Satz werden, sondern es wird sich erstmal eine ganze Vielzahl von Facetten dessen herausbilden, was Sie können. So viele vermutlich oder hoffentlich, dass Sie erst einmal verwirrt und irritiert sein werden. Und dann wird es darum gehen, Ordnung in den ganzen Aspekten dessen, was Sie können, zu schaffen, damit es für Sie griffig wird und Sie zunächst sich und dann auch gegenüber anderen sagen können: Das kann ich!

3.1 Warum erkennen wir Potenziale schwerer als Defizite?

Es ist grundsätzlich für Menschen leichter, Defizite zu erkennen als Potenziale zu sehen. Häufig schreibt man dies einer defizitorientierten Kultur zu und sagt etwa, dass Angelsachsen mehr auf Potenziale achten würden als Deutsche. Das mag tendenziell stimmen, aber es greift zu kurz.

Warum ist das so?

Menschen machen sich die Welt gerne einfach. Der Nobelpreisträger Daniel Kahnemann zeigt das in seinem Buch *Schnelles Denken, langsames Denken*. Er beschreibt darin, dass Menschen zwei Denksysteme haben. Ein System für das *schnelle Denken*, das alltägliche Denken, die schnellen Problemlösungsschemata, die uns durch 80 % aller Herausforderungen navigieren. Und wir haben ein zweites System, das System des *langsamen Denkens*, bei dem man sich anstrengen muss, um zu denken, bei dem wir neu denken müssen, das uns aber auch in der Entwicklung weiterbringt. Wir Menschen vermeiden das langsame Denken tendenziell. Es ist mühsam und zeit- und kraftaufwändig.

Ein Beispiel für das schnelle Denken: Sie kennen sicher das Spiel »Finde den Fehler«. Es geht so: Zwei fast identische Zeichnungen sind nebeneinander abgebildet. Es gibt nur kleine Unterschiede. Das eine Bild ist vollständig, auf dem anderen fehlen lauter Kleinigkeiten: Da hat jemand einen Streifen auf dem Turnschuh weniger, ein Knopf an der Jacke fehlt und einiges mehr. Sobald man ein solches Bild sieht, sucht man sofort nach den Fehlern.

Unsere Ausbildungssysteme sind im Wesentlichen an Defiziten orientiert. Das ist zwar nicht schön, aber normal und verständlich. Wenn eine Schulaufgabe oder Klausur korrigiert wird, dann achten Lehrer:innen und Professor:innen nicht unbedingt darauf, wo die goldenen Nuggets in den Antworten der Schüler:innen und Studierenden zu finden sind, sondern sie suchen die Fehler, zählen diese zusammen und ziehen sie von der erreichbaren Gesamtpunktzahl ab. Das ist ein ganz normaler Vorgang. Ich weiß, wovon ich spreche – ich habe selbst als Professor sehr viele Klausuren korrigiert, das ist eine der unschönen Aufgaben in der Lehre, und man möchte einfach nur irgendwie schnell durchkommen. Es ist schneller und einfacher, die Fehler in Klausuren zu finden als sich darum zu bemühen, in einem Stapel von handgeschriebenen Blättern Potenziale zu entdecken, die es zu entwickeln gilt.

Bei Stapeln von Bewerbungsschreiben ist es ähnlich. Wer 100 Bewerbungen in der Inbox hat, versucht vor allem die Flut der Informationen zu sortieren und zu reduzieren. Es wird dann nicht im ersten Schritt nach dem oder der geeignetsten Bewerber:in gesucht, sondern ganz natürlich werden erstmal die ungeeigneten aussortiert. In einem großen Selektionsschritt, der meist defizitorientiert ist, wird die Informationsmenge um vielleicht 80 % reduziert. Die restlichen 20 Bewerbungen schaut man sich dann genauer an. Es gibt also Gründe dafür, dass man sich an Defiziten, an Fehlern orientiert:

- Es ist einfacher.
- Es geht schneller.

Aus Sichtweise der Evolution können wir vielleicht behaupten: Es war immer wichtiger, den giftigen Pilz, die giftige Beere zu erkennen als die Beere oder den Pilz, die besonders gut schmecken. Vieles weist darauf hin, dass es langsames Denken erfordert, um Potenziale, Kompetenzen und Ressourcen zu erkennen. Defizite zu erkennen ist im Modus des schnellen Denkens möglich. Menschen lieben das. Unternehmen und Bildungsinstitutionen, die ja möglichst effizient sein sollen, sind meist strukturell defizitorientiert. Denn Defizite lassen sich simpler organisieren als Potenziale und Ressourcen. Eine Folge davon ist: Wenn dieses Denken in Bildungsinstitutionen und Unternehmen strukturell implementiert ist, hemmt das die Entwicklung und die Entfaltungsmöglichkeiten der Personen, die sich darin befinden. Das ist schade, aber es ist menschlich. Man kann diesen Umstand Lehrer:innen, Professor:innen, Chefs, Menschen, die ein Recruiting-Gespräch führen, gar nicht vorwerfen. Jede:r handelt automatisch so. Man kann aber den Anspruch stellen, dass man von dieser Konvention immer wieder abweichen sollte. Und den dafür notwendigen Aufwand betreibt und Menschen individuell fördert.

Tolstoi schreibt am Anfang von *Anna Karenina* sinngemäß: Alle glücklichen Familien ähneln einander, in ihrem Unglück aber unterscheiden sich alle voneinander. Ich glaube dieser Satz ist falsch. Defizite sind Gleichmacher. Alle unglücklichen Familien haben ähnliche Probleme – das Ehepaar hat sich entfremdet. Der Mann sucht sich eine Jüngere, jemand wird alkoholkrank, eine schwere Krankheit überschattet das Familienglück – es sind immer dieselben Themen, die immer wieder erschreckend banal sind. Wie man glücklich wird und bleibt ist hingegen eine komplexe Frage, die sich viel schwieriger beantworten lässt.

Kennen Sie das, wenn jemand Musik macht und die Darbietung perfekt ist, aber es lässt Sie emotional einfach kalt? Und dann plötzlich hören Sie jemand anderen, der oder die – fehlerfrei oder nicht – dieselbe Musik spielt oder singt, und Sie bekommen eine Gänsehaut. Woran liegt das? Sie werden es schwer sagen können. Weil es so gefühlvoll war? Weil es einfach so schön war? Ja, aber woran merkt man das Gefühlvolle? Wie äußert es sich? Warum berührt es Sie und jemand anderen nicht? Was war daran besonders schön? Die Begründungen sind zirkulär: Es hat bei mir so viele Gefühle ausgelöst, weil es so gefühlvoll war. Das bringt einen nicht weiter. Andererseits kann es sein, dass man sehr klar benennen kann, wenn jemand falsch singt. Das können auch Menschen hören, die sich als unmusikalisch bezeichnen.

Wir können dieses Beispiel auf viele andere Bereiche übertragen: Ich behaupte, dass den meisten Menschen eine Landschaft, in der ein Atomkraftwerk steht, nicht besonders hübsch vorkommt. Die wenigsten Menschen möchten direkt daneben leben. Auch direkt neben einer Autobahn sind die Grundstückspreise einigermaßen niedrig. Warum? Weil die Autobahn direkt daran vorbeiführt. Das alles ist einfach. Es ist aber anspruchsvoll zu beschreiben, warum man das Meer liebt oder die Berge. Warum ist Mona Lisa das berühmteste Bild der Welt? Ist es besonders schön? Nicht unbedingt. Was macht dieses Bild aus? Eine schwierige Frage. Ich kenne die Antwort nicht. Es gibt vermutlich sehr viele Antworten darauf. *Finde den Fehler* – das Spiel für Kinder, in dem man zwei Bilder vergleicht, ist simpel und deshalb beliebt, auch bei Erwachsenen. *Finde die Ressource* – dieses Spiel gibt es nicht. Es ist zu anstrengend und viel zu kompliziert.

Ich möchte diese Überlegungen auf unser Thema beziehen. Vieles in unseren beruflichen Orientierungsprozessen ist so aufgebaut, dass das System des defizitorientierten Denkens Anwendung findet.

Einige Beispiele:

- Ausbildungen, Berufe oder Jobs werden nach dem Ausschlussprinzip ausgewählt.
- Personalauswahl geschieht noch immer häufig nach der Maßgabe, wie man die Flut an Informationen reduzieren kann.
- Personalentwicklung orientiert sich ebenfalls daran, was Mitarbeitenden noch fehlt und nicht, wie man sie ihren Potenzialen gemäß entwickeln kann.
- In der Arbeitsagentur geht es nicht um Potenziale, sondern um das Bearbeiten von Vermittlungshindernissen.
- In Schulen und Ausbildungssystemen lernen wir: Arbeite besonders an den Themen, in denen Du nicht gut bist, denn die anderen Dinge laufen ja ohnehin ganz gut.

Das sind keine Vorwürfe an die jeweiligen Systeme, und es steckt auch ein Teil Unterstellung darin. Aber: In der Praxis begegnen wir häufig diesen Fällen. Wenn man auf sich selbst schaut, ist es genauso: Die meisten Menschen wissen wohl besser, was sie nicht können als was sie können. Im Bewerbungsgespräch ist die Frage nach den eigenen Stärken viel schwerer zu beantworten als diejenige nach den eigenen Schwächen. Es ist Menschen und Systemen zuzugestehen, dass es kompliziert ist, die eigenen Potenziale und Kompetenzen zu erkennen und zu benennen. Eben deshalb muss man sich intensiv um dieses Thema kümmern. Es ist nicht selbstverständlich. Zugleich sind die Kompetenzen, Ressourcen und Potenziale viel bessere Hinweisgeber dafür, wie man seine Zukunft gestalten kann als die Arbeit nach dem Ausschlussprinzip. Wenn Sie mir als Leser:in in diesen Gedankengängen und Argumentationsverläufen zustimmen können und wollen, dann muss man Menschen und Institutionen auch zugestehen, dass es natürlich ist, sich an Defiziten zu orientieren. Es macht die Welt zunächst einfacher. Aber Entwicklungsaufgaben werden auf diese Weise nicht gelöst. Hierfür braucht es die Orientierung an Kompetenzen, Potenzialen, Ressourcen.

Probieren Sie selbst einmal Potenzial- und Defizitorientierung aus. Machen wir ein Experiment.

Übung: Potenzial- vs. Defizitorientierung

Defizitorientierung

Denken Sie an einen Film, den Sie in der letzten Zeit gesehen haben, der Ihnen gar nicht gefallen hat. Oder an ein Buch, das Sie einfach nicht weitergelesen haben. Oder denken Sie daran, bei welcher Musik Sie das Radio beim Frühstück ausschalten, weil Sie sich einfach gestört gefühlt haben. Oder an eine:n populäre:n Künstler:in, mit dem:r Sie einfach nichts anfangen können.

Überlegen Sie sich, was Sie an dem Film, an dem Buch, an der Musik einfach nicht ausstehen können und wie Sie das einer anderen Person erklären würden.

Sie können sich hier auch ein paar Notizen dazu machen:

Film-/Buch-/Musiktitel:
Mag ich nicht, weil

....

Film-/Buch-/Musiktitel:
Mag ich nicht, weil

....

Film-/Buch-/Musiktitel:
Mag ich nicht, weil

....

Potenzialorientierung

Jetzt denken Sie an einen Film, ein Buch, an Musik, an eine:n Künstler:in, der oder die Sie in letzter Zeit begeistert hat.

Überlegen Sie sich, was Sie daran begeistert hat und wie Sie das einer anderen Person erklären können.

Machen Sie sich ebenfalls Notizen:

Film-/Buch-/Musiktitel

Mag ich, weil

....

Film-/Buch-/Musiktitel:

Mag ich, weil

....

Film-/Buch-/Musiktitel:

Mag ich, weil

....

Jetzt vergleichen Sie, was Ihnen durch den Kopf gegangen ist und was Sie aufgeschrieben haben. Was fiel Ihnen leichter? Die Defizit- oder die Potenzialorientierung? Wozu würden Sie gerne noch mehr sagen? Sich genauer ausdrücken?

3.2 Was sind eigentlich Kompetenzen und wie kann ich sie entwickeln? Das-Modell

Meine Kompetenzen erkennen mit dem Biografie-Workbook – so heißt dieses Buch im Untertitel. Da stellt sich natürlich die Frage: Was sind eigentlich Kompetenzen? In Unternehmen gibt es Kompetenzmodelle, in Schulen wird Unterricht kompetenzorientiert gestaltet. Für manche Berufsgruppen ist der Kompetenzbegriff in den letzten Jahren geradezu lästig geworden. Davon möchte ich mich nicht beeindrucken lassen. Er ist nämlich sehr sinnvoll, darauf möchte ich kurz eingehen.

Als der amerikanische Psychologe Robert White im Jahr 1960 das erste Mal den Begriff Kompetenz in die Psychologie einführte, definierte er Kompetenzen als »Entwicklung jener Möglichkeiten einer Person, all die Transaktionen mit ihrer Umgebung durchzuführen, die sie sich selbst erhalten, aber auch wachsen und sich weiterentwickeln lassen.« Ich finde das noch immer eine schöne und gültige Definition. Kompetenzen sind nicht in erster Linie an einen äußeren Zweck gebunden, sondern sie helfen mir, mich in der Welt zurechtzufinden. Sie helfen mir selbst. Dafür müssen sie natürlich in einer Umwelt zum Einsatz kommen, die kompatibel ist mit dem was ich kann, die damit überhaupt etwas anfangen kann.

In der Psychologie kam es den 1960er Jahren in Mode, besonders an Zahlen und Tests orientiert zu arbeiten. Persönlichkeits- und Intelligenztests wurden entwickelt. Mit Zahlen aus Testergebnissen sollte vorhergesagt werden, wie sich Menschen später einmal verhalten werden. Du hast den Wert XY im Intelligenztest, deshalb wirst Du dies und jenes erreichen. Und weil Du außerdem Persönlichkeitstyp YZ bist, wirst Du gut in der Medizin aufgehoben sein. Dagegen ist nichts einzuwenden. Das funktioniert immer wieder. Gerade dann, wenn man unter kontrollierten Bedingungen arbeitet, oder wenn sich die Umwelt nur wenig verändert. Wenn aber neue Technologien entwickelt werden, Berufe sich verändern, die Gesellschaft sich wandelt, dann geraten diese Vorhersagemodelle ins Wanken. Sie hätten unter gleichbleibenden Bedingungen eine zuverlässige Vorhersage ermöglicht. Aber so ist die Welt nun einmal nicht. Der amerikanische Psychologe David McClelland kritisiert in einem Aufsatz 1973 die damals verbreitete Praxis des Testens und Quantifizierens von Persönlichkeitseigenschaften und Intelligenz: »Warum versuchen wir Intelligenz zu testen, wenn wir ebenso gut Kompetenzen messen können?«

Warum also schließen wir aus komplizierten Tests, was Menschen können? Wäre es nicht besser, direkt nach dem Können zu schauen? Messen ist im Fall der Kompetenz schwierig. Darauf wies, ebenfalls in den 1970er Jahren, der Psycholinguist Noam Chomsky hin. Er differenzierte zwischen Kompetenz und Performanz. Performanz ist das, was ich tatsächlich an Können zeige. Kompetenz ist hingegen das Potenzial, über das ich verfüge. Dieses lässt sich nicht direkt messen.

Ein Beispiel: Wenn ich den Text einer Person lese, kann ich den Text bewerten. Das ist Performanz. Ich kann daraus Rückschlüsse ziehen, ob eine Person das Potenzial hat, weitere gute Texte zu schreiben. Aber ich kann dieses Potenzial nicht direkt beobachten oder bewerten. Die Performanz ist also das, was Menschen *können*. Die Kompetenz ist das, was sie *könnten*. Wenn ein Mensch ein Lied komponiert, das ich schön finde, kann ich daraus nur schließen, dass diese Person das Potenzial hat, möglicherweise weitere schöne Lieder zu komponieren. Aber ich habe nicht den blassesten Schimmer, wie sich künftige Lieder anhören werden.

Das lässt sich auf viele weitere Bereiche übertragen. Und es ist spannend, sich mit Kompetenzen als Potenzialen zu beschäftigen, ohne sich dabei in wilden Spekulationen zu verlieren. Spannend, weil nicht alles, was ich kann, automatisch auch eine Kompetenz sein muss. Wenn ich etwas immer gleich mache, als wäre ich automatisiert, zeige ich hier vielleicht Performanz, aber möglicherweise habe ich nicht das Potenzial, tiefer einzusteigen und mit schwierigen Situationen zurechtzukommen, die mir neu sind. Für diese ungelösten Aufgaben brauche ich Kompetenzen. Wenn ich meinen Computer bedienen kann, bin ich deshalb noch lange kein:e Computerspezialist:in. Wenn ich ein Regal aufbauen kann, macht mich das noch lange nicht zum Tischler. Wie beschreibt man aber nun Kompetenzen?

Das SKATE-Modell

Ich möchte erklären, woraus sich Kompetenzen zusammensetzen. Wie ich schon beschrieben habe, sind Kompetenzen nicht einfach Können, sondern mehr als das. Bleiben wir beim Beispiel des Liederkomponierens. Um ein Lied komponieren zu können, hilft es mir, ein Instrument spielen zu können. Es kann mir helfen, wenn ich mich in Harmonielehre auskenne, es kann mir helfen, wenn ich Noten lesen und schreiben kann. Ich muss das nicht können. Paul McCartney kann keine Noten lesen. Er kann trotzdem Lieder schreiben. Es hilft mir, wenn ich schon viele Lieder gehört und auch geschrieben habe. Wenn ich also über einen reichen Erfahrungsschatz verfüge. Ich brauche zudem ein Talent dafür, Lieder zu schreiben. Das Talent ist bei manchen stark ausgeprägt, bei anderen reicht es einfach nicht, um ein Lied zu komponieren. Ich muss auch Lust darauf haben, ein Interesse, eine Motivation, es wollen. Wenn ich keine Lust dazu habe, dann werde ich kein Lied schreiben. Und wenn ich von all den Dingen, die ich eben beschrieben habe, etwas habe, dann kann ich nur sagen, dass ich das Potenzial oder die Kompetenz habe, ein nächstes Lied zu schreiben. Aber niemand auf der Welt weiß, welches Lied das sein wird. Das ist Kompetenz: eine Mischung aus unterschiedlichen Faktoren, die auf eine gemeinsame Sache, auf ein mögliches Ergebnis hinauslaufen. Lieder zu schreiben, kommt Ihnen beim Lesen vielleicht hochtrabend vor. Es ist nur ein Beispiel zur Anschauung. Es gibt zahlreiche Beispiele aus dem täglichen privaten und beruflichen Leben, die man ebenso beschreiben könnte. Ob es darum geht, Projekte zu organisieren, Verkaufsgespräche zu führen, jemanden zu beraten, eine Reise zu planen, Kindern ein Zuhause zu geben, Menschen zu pflegen, komplizierte Probleme zu lösen, die Liste möglicher Kompetenzen könnte endlos sein.

Was sind nun die Elemente von Kompetenz, die ich am Beispiel des Liedkomponierens beschrieben habe? Ein Instrument zu beherrschen ist eine praktische Fertigkeit. Harmonielehre, die Kenntnis vieler Akkorde und welche Akkorde zusammenpassen, ist theoretisches Wissen. Die Lust, überhaupt ein Lied schreiben zu wollen, ist die Motivation. Die Grundvoraussetzung ist das Talent. Und Erfahrung beim Komponieren oder die Kenntnis vieler Lieder hilft mir ebenfalls.

Reiht man die jeweils ersten Buchstaben der beschriebenen Begriffe auf Englisch aneinander, ergibt sich das Akronym S-K-A-T-E:

- S steht für Skills – also Fertigkeiten,
- K steht für Knowledge – also Wissensbestandteilen,
- A steht für Ambition – also Motivation,
- T steht für Talent – eben Talent,
- E steht für Experience – also Erfahrung.

Um von einer Kompetenz zu sprechen, brauche ich von allem zumindest ein bisschen was. Gehen wir es an einem beruflichen Beispiel wie dem Projektmanagement durch.

Skills: Kann ich eine Projektmanagement-Software bedienen? Beherrsche ich typische Abläufe und Prozesse in Projekten – Techniken aus dem agilen Projektmanagement usw.?

Knowledge: Verfüge ich über Fachwissen in dem Bereich, in dem ein bestimmtes Projekt stattfindet? Wenn ich zum Beispiel ein Softwareprojekt managen soll, dann hilft es mir, wenn ich einiges Fachwissen über Software und über den Bereich habe, für den die Software entwickelt werden soll. Unabhängig von den praktischen Skills des Projektmanagements.

Ambition: Habe ich Lust das Softwareprojekt zu managen? Habe ich dafür Ambitionen? Will ich das wirklich oder übernehme ich den Job eher notgedrungen?

Talent: Wenn ich kein Talent zum Organisieren habe, werde ich nie sehr gut darin werden, Projekte zu managen – egal in welchem Bereich sie angesiedelt sind. Ich muss also mein Talent einschätzen können, um zu wissen, ob ich hier Potenzial habe oder nicht.

Experience: Wenn ich mehr Erfahrungen habe, habe ich mehr Möglichkeiten, in diesem Bereich kompetent zu sein, als wenn ich etwas kaum oder noch gar nicht gemacht habe. Wenn ich noch keinerlei Erfahrungen im Projektmanagement habe, dann kann ich nicht sinnvollerweise von einer Kompetenz sprechen.

Noch eine letzte Überlegung. Stellen Sie sich vor, dass die einzelnen Elemente von SKATE gedanklich mit einem Mal-Zeichen verknüpft sind. Damit kann man jetzt spielen: Sagen wir, uns steht eine Skala von 0–3 zur Verfügung. Null – ich habe keine Erfahrung. Dann kann mir das Projekt gelingen, aber ich kann vorher nicht von mir behaupten, darin wirklich kompetent zu sein. Wenn ich keinerlei Skills habe oder nichts über einen bestimmten Bereich weiß, kann ich nicht gut argumentieren, in diesem Bereich wirklich kompetent zu sein. Ich kann etwas können, aber dieses Können reicht dem SKATE-Modell zufolge nicht unbedingt dazu, um mein Können als Kompetenz zu bezeichnen. Auf der anderen Seite kann ich in diesem Gedankenspiel niedrige Werte in einem einzelnen Bereich auch kompensieren. Wenn ich also über wenig Erfahrung verfüge, kann ich dies durch viel theoretisches und praktisches Wissen kompensieren. Üblicherweise denkt man daran, wie man dem eigenen Können noch einen weiteren Aspekt hinzuaddieren kann. Das Malzeichen kann dazu inspirieren, sich zu überlegen, wie man in der eigenen Entwicklung um einen größeren Schritt weiterkommt, wie man gewissermaßen die eigene Kompetenz um den Faktor X verbessern kann. Wenn ich auf diese Art und Weise über meine Kompetenzen nachdenke, kann ich überlegen, wie ich meine Kompetenz weiterentwickeln möchte. Muss ich, um besser zu werden, mehr theoretisches Wissen lernen, praktische Skills üben, Erfahrungen sammeln? Will ich das überhaupt? Entspricht es meinen Talenten?

Übung: Fragensammlung SKATE

Um den Umgang mit dem SKATE-Modell auszuprobieren, überlegen Sie sich eine Stärke oder Kompetenz. Auch wenn das systematische Erarbeiten von Kompetenzen erst später im Buch dran ist, wissen Sie natürlich sicher etwas, was Sie gut können.
Befragen Sie diese Kompetenz oder Stärke mit der folgenden Fragenliste. Sie können, müssen aber nicht alle Ihre Kompetenzen auf diese Weise befragen, wir werden später noch auf eine alternative Vorgehensweise kommen.
Überlegen Sie sich also eine oder natürlich auch gerne mehrere Kompetenzen oder Stärken und stellen Sie sich die folgenden Fragen dazu.
Sie müssen nicht alle Fragen beantworten. Manche passen vielleicht nicht, dann überspringen Sie diese einfach.

Skills	Wie habe ich das gelernt? Wie mache ich das? Was kann ich da besonders? Kann ich das auch anderen beibringen oder erklären? Wie kann ich mich darin verbessern?
Knowledge	Was weiß ich darüber? Wie habe ich das gelernt? Welche Expertise habe ich darin? Was möchte ich noch darüber lernen?
Ambition	Warum mache ich das so, wie ich das mache? Was ist mir dabei wichtig? Was motiviert mich an dieser Tätigkeit? Was gefällt mir daran? Was braucht es, damit ich Freude daran habe?
Talent	Was kann ich daran besonders gut? Wie geht mir das von der Hand? War das schon immer so? Wie mache ich das in anderen Tätigkeitsbereichen?
Experience	Wo konnte ich diese Kompetenz überall einsetzen? Wie unterscheiden sich meine Erfahrungen? Wie habe ich eine besondere Situation damit gelöst? Wie bin ich dabei vorgegangen? Wo war ich erfolgreich damit? Wie möchte ich in Zukunft damit arbeiten? Wie will ich mich weiterentwickeln? Was ist meine Vision hierzu?

Diese Fragen gehen auf eine Sammlung von Fabian Weiß (2023) zurück.

Kompetenzbereiche

Ein Letztes zum Thema Kompetenzen. Kompetenzen lassen sich in Bereiche einteilen. Es gibt unterschiedliche Meinungen, ob diese Einteilung sinnvoll und trennscharf ist, aber sie hilft zu strukturieren, wenn man nicht zu streng damit umgeht. Kompetenzen lassen sich einteilen in die folgenden Bereiche:

Fachkompetenzen. Häufig sind dies die Kompetenzen, über die Sie am leichtesten Auskunft geben können. Die fachlichen Kompetenzen lassen sich einerseits durch Ihre fachlichen Qualifikationen, also durch Ihre Zeugnisse und formellen Abschlüsse belegen. Allerdings sind fachliche Kompetenzen mehr. Sie können diese durch Ausbildungen, in Ihrer Arbeitstätigkeit, aufgrund privater Interessen oder auch in der Familie erworben haben.

Die Leitfrage für die fachlichen Kompetenzen lautet: Was sind meine fachlich erworbenen Kenntnisse, die ich benötige, um Aufgaben zu bewältigen?

Einige Beispiele: Ausbildungen und Abschlüsse, Computerkenntnisse, Handwerke, betriebswirtschaftliche Kenntnisse, Zeichnen, Texte verfassen, Sprachenkenntnisse usw.

Methodische Kompetenzen. Unter methodischen Kompetenzen versteht man die Art und Weise, wie Personen mit Aufgabenstellungen und Problemen umgehen. Ausgeprägte methodische Kompetenzen verhelfen dazu, Ziele umfassend und effektiv bearbeiten zu können. Manche methodischen Kompetenzen können auch Anteile fachlicher Kompetenzen haben.

Die Leitfrage für die methodischen Kompetenzen lautet: Wie gehe ich an Aufgaben und Herausforderungen heran?

Einige Beispiele: Aufgaben und Arbeiten planen, ausgeprägtes Problemlöseverhalten, systematisches Arbeiten, Moderation von Gruppen, Prozesse organisieren, Zeitmanagement, transparentes Arbeiten usw.

Soziale Kompetenzen. Als soziale Kompetenzen bezeichnet man die Fähigkeiten von Personen im Umgang mit anderen Menschen. Soziale Kompetenzen dienen dem Austausch und der Verständigung und sind eine Grundlage dafür, Beziehungen aufbauen, gestalten und erhalten zu können.

Die Leitfrage für die sozialen Kompetenzen lautet: Wie gehe ich mit anderen Menschen um?

Einige Beispiele: In der Gruppe Verantwortung übernehmen, Kooperationsfähigkeit, Anpassungsfähigkeit, schnell Beziehungen aufbauen können, Durchsetzungsvermögen, Einfühlungsvermögen, gemeinsam eine Aufgabe lösen, andere in eine Gruppe integrieren können usw.

Personale Kompetenzen. Personale Kompetenzen sind grundlegende Fähigkeiten, die es Ihnen ermöglichen, Ihr eigenes Leben aktiv zu gestalten. Personale Kompetenzen sind sehr stark in der Person verwurzelt und können manchmal auch Eigenschaften der Persönlichkeit sein.

Die Leitfragen für die personalen Kompetenzen lauten: Wie gehe ich mit mir selbst um? Welche Eigenschaften habe ich?

Einige Beispiele: Anpassungsbereitschaft, Ausdauer und Belastbarkeit, Begeisterungsfähigkeit, eigenverantwortliches Handeln, Bereitschaft zur Selbstentwicklung, eigene Entscheidungen treffen können usw.

Häufig stellt sich die Frage, ob es eine eindeutige Zuordnung zu den einzelnen Kompetenzbereichen gibt. Diese Frage kann ich klar mit *nein* beantworten. Die vier Kategorien sind nicht völlig trennscharf zueinander, und derselbe Kompetenzbegriff kann bei unterschiedlichen Menschen in unterschiedliche Kategorien eingeordnet werden. Bei Lehrpersonal etwa sollte »gut erklären können« eine fachliche Kompetenz sein. Programmierer:innen, die den Kolleg:innen etwas gut erklären können, würden diese Kompetenz etwa eher als sozial betrachten. Kreativität ist für manche eine personale Kompetenz, für andere eine methodische. Kompetenzbegriffe sind sprachliche Hilfsbegriffe für einen Komplex aus Skills, Knowledge, Ambition, Talent und Experience. Mit ihrer Hilfe kann etwas komplexeres Darunterliegendes beschrieben werden. Die vier Kompetenzkategorien sind auch ein Stück weit willkürlich. Sie helfen uns Schwerpunkte von Kompetenzen zu akzentuieren und Ordnung in die Kompetenzbegriffe zu bringen. Aber auch sie sind nur Hilfsworte für das, was ein Mensch wirklich kann.

Wenn Sie sich nun überlegen wollen, was Sie können, dann sollten Sie erst einmal überlegen, wo Sie überhaupt lernen und was Sie den ganzen Tag über machen!

3.3 Wo lerne ich?

Man könnte meinen, dass man einfach in Abschluss- und Arbeitszeugnissen nachlesen könnte, was man kann. Aber Sie hätten dieses Buch nicht in Händen, wenn das stimmen würde. Es ist völlig klar, dass das nicht funktioniert. Sie können mehr und andere Dinge als in Zeugnissen repräsentiert ist. Wissen und Kompetenzen wurden schon immer auch abseits des Klassenzimmers erworben. Nicht nur auch, sondern hauptsächlich. Das meiste, was wir in der Schule gelernt haben, haben wir inzwischen vergessen. Das meiste, was wir können, haben wir nicht aus Büchern gelernt. Dieses informell erworbene Wissen, diese Kompetenzen, die wir außerhalb der Schule, Universität oder Ausbildungsstätte entwickelt haben, haben eine große Bedeutung für alles, was wir tun. Sie sind wichtig für Erfolg und Zufriedenheit.

Es gibt Studien und Modelle dazu, wo und wie Menschen beruflich relevantes Wissen erwerben. Das ist eine ungenaue Wissenschaft, denn man kann Menschen kaum über ihr ganzes Leben hinweg beobachten, um herauszufinden, wo sie was gelernt haben und was davon sie im Berufsalltag einsetzen. Aber es herrscht in der Pädagogik und in der Wirtschaftspsychologie seit Jahrzehnten Einigkeit darüber, dass beruflich relevantes Wissen und Kompetenzen überwiegend abseits vom Schulweg und auch ohne Lehrbücher aufgebaut werden. Das meiste, was man lernt, lernt man informell. Das formale Lernen, dasjenige Wissen, was nachweislich durch Zertifikate verbrieft ist, macht nur einen geringen Teil dessen aus, was ich im Beruf täglich tue.

Mittlerweile hat sich hierzu das 70:20:10-Modell etabliert. Es wurde bereits in den 1990er Jahren von Morgan McCall, Robert Eichinger und dem Michael Lombardo Center for Creative Leadership in North Carolina entwickelt. Es besagt, dass wir 70 % dessen, was wir können und im Beruf umsetzen, durch herausfordernde Aufgaben im beruflichen Alltag gelernt haben. 20 % unseres Könnens beziehen wir durch das Lernen aus dem sozialen Umfeld. Dabei spielen Vorgesetzte, aber auch andere Vorbilder und Kolleg:innen eine Rolle. Nur 10 % hingegen lernen wir dem Modell zufolge durch traditionelles Lernen in Seminaren, Weiterbildungen, Büchern und Artikeln – durch formale Bildung also.

Es ist schwierig, dieses Modell zu überprüfen. Vielleicht sind die 10 %, die wir formal gelernt haben, entscheidend für unser berufliches Weiterkommen? Vermutlich sieht es bei Berufseinsteiger:innen anders aus als bei Menschen, die bereits seit 20 Jahren berufstätig sind. Wie auch immer: Dem Modell zufolge lernen wir einen Großteil dessen, was wir täglich tun, informell und durch Erfahrung. Dieses Erfahrungswissen lässt sich häufig schwer in Worte fassen. Dabei sind das keine unbewussten oder geheimen Dinge, die sich in Ihrem Alltag verbergen. Es ist nur kompliziert zu beschreiben, weil Sie die Dinge, die Sie tun, ganz selbstverständlich tun und nicht groß nachdenken dabei. Das ist übrigens ein ganz guter Hinweis darauf, dass Sie etwas gut können: nicht darüber nachdenken und es nicht in Worte fassen können.

Bewusstheit des eigenen Könnens und das tatsächliche Können hängen nicht immer unmittelbar zusammen. Erinnern Sie sich daran, wie es war, als Sie einen Führerschein gemacht haben? Sie sind sehr bewusst Auto gefahren und konnten Ihren Eltern alle möglichen Verkehrsregeln erklären. Mit der Zeit wird aus dem Autofahren ein automatisierter Prozess. Sie werden dadurch besser darin, können aber mit der Zeit viel schlechter erklären, was Sie eigentlich machen beim Autofahren. Der Statistik nach sind Führerscheinabsolvent:innen erheblich unfallgefährdeter als erfahrene Autofahrer:innen. Bewusstheit und Kompetenz können also deutlich gegenläufig zueinander sein. Es lohnt zu reflektieren, was man im Alltag gelernt hat, nicht nur im beruflichen, sondern auch im privaten.

3.4 Was mache ich eigentlich den ganzen Tag?

Haben Sie schon einmal Ihren Eltern erklärt, was Sie täglich beruflich machen? Oder Ihren Kindern? Das kann zu ziemlichen Verständnisschwierigkeiten führen. Oberflächlich betrachtet sitzen Sie vielleicht den ganzen Tag vor dem Bildschirm oder in Meetings. So wie Millionen andere Menschen auch, die aber sowohl vor dem Bildschirm als auch in den Meetings etwas völlig anderes tun als Sie und auch andere Dinge können. Sehr vieles von dem, was wir tun und können, kommt uns wie selbstverständlich vor. Wir merken gar nicht, dass wir da etwas machen, was andere vielleicht nicht können oder was wir selbst vor einigen Jahren noch nicht gekonnt haben. Wir tun es einfach. Um sich beruflich weiterzuentwickeln, ist es aber wichtig zu wissen, was man kann. Sowohl um gezielt weiterlernen zu können als auch, um sich auf der Basis des eigenen Könnens beruflich zu orientieren.

Das waren jetzt abstrakte Überlegungen zum Thema. Ich möchte einige Beispiele aus dem beruflichen und dem privaten Bereich vorstellen, um Sie auf Gedanken zu bringen, wo Sie selbst einiges gelernt haben und was das sein könnte.

Job »Büro«

Es klingt vielleicht merkwürdig, aber auf die Frage »Was machen Sie eigentlich den ganzen Tag in Ihrem Job?« antwortet tatsächlich ein nicht geringer Teil der Menschen im Coaching mit leichtem Achselzucken »Ja, Büro eben. Computer, Meetings.« »Und dafür werden Sie wirklich bezahlt?«, frage ich dann manchmal aus Spaß. Schnell wird offensichtlich, dass der Job nicht darin besteht, einfach nur vor dem Computer und in Meetings zu sitzen. (Auch wenn man sich bei manchen Meetings berechtigterweise fragen kann: Und dafür, hier zu sitzen, werde ich bezahlt? Aber das ist ein anderes Thema.) Was hinter dieser nüchternen, schlagwortartigen Antwort zum Inhalt des Berufes steht, ist die Routine. Und manchmal auch die Überlastung. »Ich arbeite vor mich hin« oder »ich versuche, mit den Aufgaben, die über mir ausgekippt werden, nur irgendwie zurechtzukommen«. Da ist im

Alltag keine Zeit zu merken, was man dabei eigentlich tut, woher man das kann, wie man es tut.

Man bräuchte im beruflichen Alltag so etwas wie Reflexionstankstellen. Eine Kaffeeküche, in der es nicht nur Kaffee gibt, sondern auch mit ernsthaftem Interesse die Frage gestellt wird, »Was hast Du heute Vormittag gemacht? Was ist Dir daran leicht- und was schwergefallen? Was hat Dir dabei Spaß gemacht? Wobei hast Du etwas gelernt? Wobei brauchst Du Hilfe?« Das gibt es nur in den seltensten Fällen. In der Tat habe ich schon mit einigen Start-ups zusammengearbeitet, die es sich zum Ziel gesetzt haben, dass jede Führungskraft mit allen Mitarbeiter:innen aus dem eigenen Team einmal in der Woche eine halbe Stunde lang ein Gespräch über solche Themen führt. Das hat natürlich enorme Auswirkungen: Die Führungskräfte können nur eine Führungsspanne von maximal acht Mitarbeiter:innen haben, weil sie sonst nur noch Gespräche führen würden. Und auf Seiten der Mitarbeitenden hat es die Auswirkung, dass diese sich unglaublich gut in ihren Talenten gesehen und gefördert fühlen. Wenn man nicht das Glück hat, in einem solchen Unternehmen zu arbeiten, muss man sich diese Art von Reflexion eben selbst holen. Dafür lesen Sie ja dieses Buch.

Was kann nun dabei herauskommen, wenn man ein solches Gespräch führt? Ich zeige das anhand eines Dialogbeispiels aus dem Coaching auf. Und Sie stellen sich vor, einen solchen Dialog mit sich selbst zu führen.

»*Ich: Was machen Sie, wenn Sie im Büro sind und »Büro« machen?*

Coachee: Es ist schwierig, das zu beschreiben. Es ist eben das, was man halt so macht. Nichts Besonderes.

Ich: Was man so macht, mache ich auch. Wenn ich nicht mit Menschen rede, sitze ich auch vor dem Computer. Von außen betrachtet sieht meine Arbeit in weiten Teilen genauso aus wie Ihre.

Coachee: Das stimmt.

Ich: Wenn das so ist: Vielleicht könnten wir ja tauschen. Ich könnte auch manchmal etwas Abwechslung vertragen. Dann mache ich einfach das, was Sie machen. So wie Sie es beschreiben, kann das ja nicht son-

derlich schwer sein. Könnte ich mich denn vor Ihren Rechner setzen und gleich loslegen?

Coachee: (lacht) Nein, das geht natürlich nicht. Sie hätten ja keine Ahnung, was Sie da machen sollen.

Ich: Aha. Dann können Sie also was, was Sie da vor dem Rechner machen tagein-tagaus?

Coachee: Ja, schon. Aber das ist ja nicht sonderlich schwer. Ich mache es halt.

Ich: Dass Sie es einfach so machen, heißt ja nicht, dass Sie es deshalb nicht können.

Teilnehmer: Nein, das heißt es natürlich nicht.

Ich: Konnten Sie selbst denn schon immer das, was Sie jetzt täglich machen?

Coachee: Nein, gar nicht. Ich habe mich da vor fünf Jahren noch ganz anders angestellt, und wir haben mit ganz anderen Programmen gearbeitet.

Ich: Dann erzählen Sie doch mal, was Sie vor fünf Jahren nicht konnten und jetzt können.

Coachee: Alles?

Ich: Ja, alles. Und schreiben Sie es am besten auch noch auf.

Coachee: Oh mein Gott. Wenn ich das alles aufschreiben soll, dann sitze ich ja morgen noch da.

Ich: Genau.

Ähnliche Gespräche habe ich schon sehr oft geführt. Interessant ist einerseits die Erkenntnis, dass man täglich etwas lernt in der Arbeit, auch wenn man es nicht bemerkt. Es ist sehr anspruchsvoll, sich zu fragen, was man eigentlich gelernt hat, wo man es gelernt hat und warum man die Dinge so tut, wie man sie tut. Ich empfehle einen einfacheren Einstieg: »Was mache ich eigentlich, wenn ich arbeite?«

Zunächst kann man die Antworten auf diese Frage aufteilen. Es gibt die Arbeit vor dem Rechner und die Meetings. Vor dem Rechner gibt es natürlich weitere Aufgaben: die Kommunikation mit anderen, vielleicht eine Recherche, das Erstellen von Analysen oder Präsentationen.

Zu jedem dieser Tätigkeitsbereiche gibt es einiges zu fragen und zu sagen: Mit wem kommuniziere ich? Was ist mir in der Kommunikation wichtig? Was tue ich, wenn Konflikte auftreten? Worauf lege ich dabei Wert? Wie recherchiere ich? Welche Tools benutze ich dafür? Welcher Strategie gehe ich dabei nach? Vorsicht: Wenn Sie jetzt sagen, »Keine Strategie – ich wühle mich einfach so durch«, dann ist »Durchwühlen« Ihre bevorzugte Strategie. Weiter geht es mit den Analysen und Präsentationen: Welche Tools kennen Sie hierfür? Welches Fachwissen benötigen Sie dafür? Wo haben Sie sich das angeeignet? Hinweis: nein, nicht in der Ausbildung. Das Wissen aus der Ausbildung ist veraltet. Sie müssen danach noch etwas gelernt haben, sonst wären Sie längst gefeuert worden. Wir hatten schon darüber gesprochen.

Hier ging es um das Beispiel »Büro« – wir kommen noch zu anderen Beispielen, wobei ich nicht im Entferntesten alle Jobgattungen abdecken kann. Erstmal geht es darum, dass Sie sich selbst dazu konkrete Gedanken machen.

Auch wenn das, was sie im Job können und machen, mit großer Sicherheit nur unzureichend dadurch abgedeckt ist, dass sie ihre Qualifikationen auflisten oder die einzelnen Aufgaben im Job, fangen die meisten Menschen genau damit an, wenn man sie bittet, ins Detail zu gehen. Sie beginnen auf einem ziemlich abstrakten Niveau etwas sehr Allgemeines zu beschreiben. Bezogen auf das Beispiel mit der Arbeit am Bildschirm kommen dabei Begriffe zu Aufgaben und Fähigkeiten heraus wie: Recherche, Projektplanung, Softwarekenntnisse, Projektsteuerung, Controlling. Aber solche Begriffe sagen niemandem und auch Ihnen selbst nicht, was Sie da eigentlich tun.

Ziel der Übung ist, dass Sie sich und anderen genau erklären können, was Sie eigentlich den ganzen Tag tun. Idealerweise so, dass Sie überzeugt davon sind, dass die andere Person diese Information auch an jemand anderes weitergeben könnte und es auch dann noch verständlich wäre. Das ist nicht einfach. Sie müssen dafür sehr spezifisch und genau werden.

Übung: Was mache ich im Job?

Nehmen Sie sich ein großes Blatt Papier und überlegen, welchen Job Sie gerne beschreiben würden. Und ich muss Sie darauf vorbereiten: Sie sollten nicht nur einen einzelnen Job beschreiben, sondern am besten mehrere. Erst dadurch bekommen Sie einen wirklichen Überblick darüber, was Sie eigentlich alles schon gemacht haben und können. Das soll nicht zur puren Fleißaufgabe werden, aber es darf schon etwas anstrengend sein. Es soll sogar so sein, dass Sie dabei ins Nachdenken kommen. Das ist wichtig! Suchen Sie sich einen Job heraus, den Sie genauer unter die Lupe nehmen möchten. Meistens ist das der aktuelle Job. Wenn Sie aber sehr genervt von Ihrem aktuellen Job sind, sollten Sie sich ein anderes Feld suchen, etwas, das Ihnen relevant und interessant erscheint und wogegen Sie keinen besonderen Widerstand haben.

Machen Sie eine Mindmap zu Ihrem Job. Falls Sie nicht wissen, was das ist: Eine Mindmap, eine Gedankenkarte, ist eine grafische Darstellung komplexer Inhalte und deren Zusammenhänge. In diesem Fall soll die Mindmap Ihnen dabei helfen, aus den genannten allgemeinen Beschreibungen Ihres Jobs ins Detail zu gehen, Ihren Job aufzudröseln in kleine Bestandteile, so dass ein vielleicht umfangreiches, aber konkretes Bild davon entsteht, was Sie eigentlich den ganzen Tag dort machen.

Schreiben Sie den Namen des Jobs in die Mitte eines Papierbogens oder der Vorlage. Sie haben aber nicht nur einen Job, sondern es gibt darin unterschiedliche Aufgabenbereiche. Diese gruppieren Sie in einem Kreis um den Job in der Mitte des Blattes. Schreiben Sie solche Aufgaben in räumliche Nähe zueinander, die sich irgendwie ähnlich sind. Zum Beispiel sind das Erstellen von Präsentationen und das Schreiben von Berichten keine identischen Aufgaben, aber in beiden Fällen müssen Sie komplexe Sachverhalte verständlich darstellen; Sie arbeiten am Computer, müssen in der Materie drin sein, haben Adressat:innen dafür im Kopf.
Ziehen Sie dann jeweils eine Linie vom Job in der Mitte zu den einzelnen Tätigkeitsbereichen. Dann überlegen Sie, was Sie eigentlich tun, wenn Sie

zum Beispiel Präsentationen erstellen. Stellen Sie sich – egal ob es um Präsentationen oder um etwas anderes geht – diese Fragen:

- Was brauche ich dafür?
- Wie fange ich damit an, wenn ich das mache?
- Wie habe ich das vor ein paar Jahren gemacht, als ich es noch nicht so gut gekonnt habe? Was mache ich seitdem anders? Was kann ich seitdem besser?
- Mache ich irgendetwas anders als meine Kolleg:innen? Wenn ja, was?

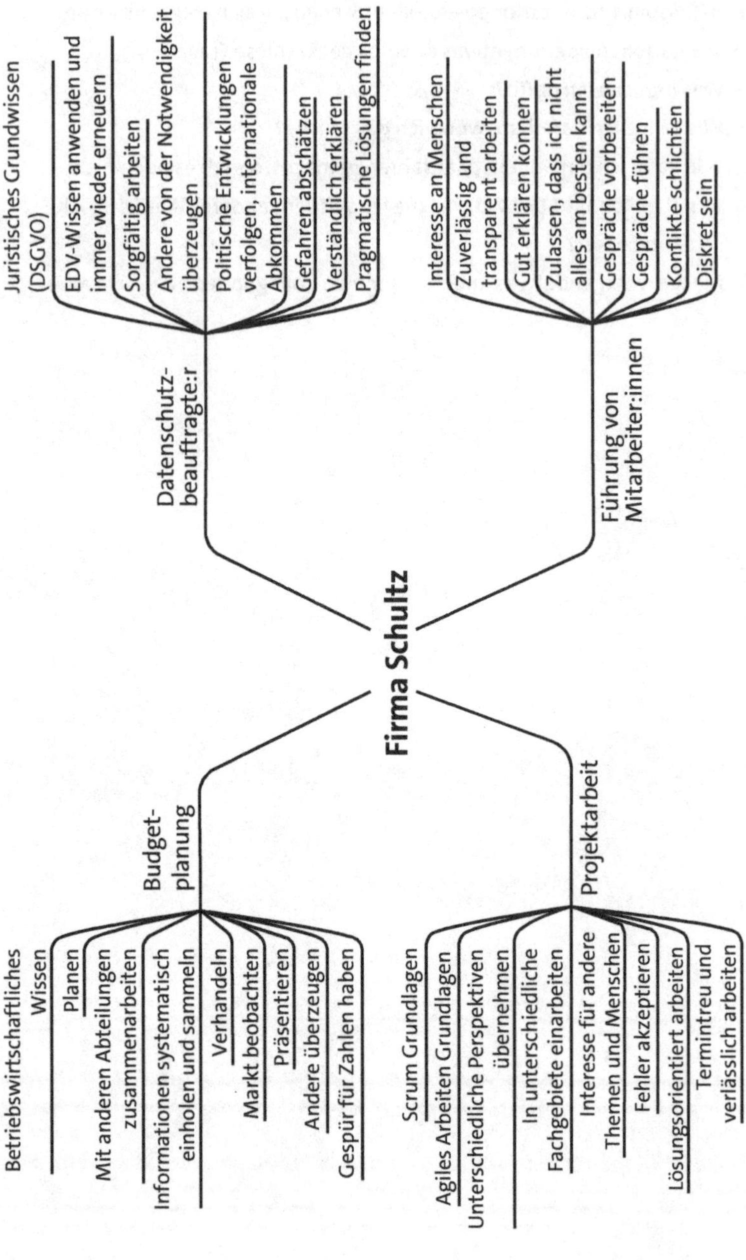

Beispiel Mindmap Job

Mein Job

Es können noch viele Fragen hinzukommen. Ich möchte es mal hierbei belassen. Fangen Sie einfach an. Wenn Sie keine Mindmap machen, dann gehen Sie diese Fragen im Kopf durch. Ich empfehle aber es aufzuschreiben. Es hilft Ihnen, die Dinge festzuhalten und konkret zu werden. Achten Sie beim Erstellen der Mindmap darauf, möglichst wenig Substantive zu verwenden. Versuchen Sie das, was Sie tun, nach Möglichkeit in Verben zu beschreiben. Das ist ein einfacher Trick, der Ihnen dabei hilft, konkret zu werden. Nehmen Sie sich eine halbe Stunde oder sogar länger Zeit. Wenn Sie angefangen haben, machen Sie mindestens so lange, bis Sie sich denken, »Ach Du liebes bisschen, wenn ich das jetzt noch weiter so mache, dann dauert es ja ewig.« Keine Sorge, es wird nicht ewig dauern, und letztlich geht es genau um diese Erkenntnis: dass Sie sehen, wie viel Sie eigentlich tun. Ohne sich dabei besondere Superfähigkeiten einräumen zu müssen. Jede:r tut mehr, als er oder sie denkt.

Nun haben Sie eine Mindmap erstellt oder sich zumindest Gedanken darüber gemacht, was Sie eigentlich die ganze Zeit tun, wenn Sie Ihrem Job nachgehen. Damit ist es aber nicht genug. Sie sollten solche Mindmaps für mehrere Ihrer Jobs gestalten. Sie sollten auch die Zeit Ihrer beruflichen Ausbildung oder Ihres Studiums einbeziehen. Auch hier können Sie aufdröseln, was Sie die ganze Zeit gemacht haben. Jede:r absolviert ein Studium anders. Manche lernen für sich, manche mit anderen zusammen, manche wohlgeordnet, manche eher immer auf dem letzten Drücker, aber dann extrem fokussiert. Manche graben sich in ein Thema besonders tief ein, andere lieben es, sich Überblickswissen anzueignen. Machen Sie noch

- mindestens zwei Mindmaps zu beruflichen Tätigkeiten
- mindestens eine weitere Mindmap zu Ausbildung, Studium oder zu einem privaten Thema.

Natürlich gibt es nicht nur Jobs vor dem Computer, auch wenn diese immer mehr werden. Ich habe das nur als prototypisches Beispiel genommen. In anderen Jobs stellen sich andere Probleme. Ich zähle weitere Pauschalantworten auf, die Menschen mir in einem ersten Satz dazu geben, was sie eigentlich den ganzen Tag machen. Dazu schreibe ich, was Sie sich fragen können, wenn Sie diese Pauschalantwort geben würden:

- Ich rede eigentlich den ganzen Tag mit Menschen
  - Mit welchen Menschen reden Sie?
  - Reden Sie gerne mit diesen Menschen?
  - Müssen Sie dafür irgendetwas wissen oder reden Sie einfach über das Wetter?
  - Wo haben Sie gelernt, auf diese Art und Weise mit Menschen zu sprechen?
  - Ist Ihnen irgendetwas dabei wichtig, wie Sie mit diesen Menschen reden, oder reden Sie einfach nur so vor sich hin, bis es irgendwann vorbei ist?
  - Ich bin im Verkauf
  - Was verkaufen Sie?
  - Ist es Ihnen völlig egal, was Sie verkaufen?
  - Worauf legen Sie beim Verkauf besonderen Wert? Jede Antwort ist okay, aber es macht einen Unterschied, ob Sie vor allem verkaufen oder vor allem den Kunden zufrieden machen möchten.
  - Verkaufen Sie gerne?
  - Können Sie gut verkaufen? Wie machen Sie das?
- Ich bin eigentlich die ganze Zeit in Projekten
  - Was für Projekte sind das?
  - Welche Rolle haben Sie in den Projekten, und worin bestehen Ihre Aufgaben?
  - Schildern Sie doch mal, wie so ein Projekt typischerweise abläuft.

Die Liste ließe sich nahezu endlos fortsetzen, und das Thema Ausbildung und Studium haben wir nur am Rande gestreift. Ich denke aber, Sie sollten auf der Basis dessen, was Sie jetzt gelesen haben, in der Lage sein, einige Mindmaps zu gestalten, die Ihnen eine Fülle von Informationen darüber geben, was Sie eigentlich die ganze Zeit tun. Dabei sammeln Sie eine Menge Informationen darüber, was Sie eigentlich können. Damit aber nicht genug. Denn es gibt auch noch den privaten Bereich.

3.5 Was mache ich, wenn ich nicht arbeite?

Es ist schon schwer zu benennen und genau zu beschreiben, was man eigentlich den ganzen Tag beruflich tut, aber es geht noch schwerer. Denn nicht nur im Job tun Sie den ganzen Tag etwas. Auch zu Hause, in der Freizeit machen Sie etwas. Und auch außerhalb des Berufes können Sie etwas lernen. Vielleicht sind Ihnen diese privaten Dinge sogar wesentlich wichtiger als das, was Sie beruflich tun. Den meisten Menschen fällt es schwer, hier einen Transfer herzustellen und zu denken: Das, was ich privat tue, könnte ich auch beruflich nutzen. Meine privaten Kompetenzen müssen nicht unbedingt privat bleiben. Vielleicht gehören Sie zu den Menschen, die denken: Wenn ich im Beruf das umsetzen könnte, was ich privat mache und kann, dann würde ich ganz anders dastehen. Vielleicht fügen Sie sich in Ihrem Job in eine Rolle und verhalten sich dort so, wie es von Ihnen erwartet wird, während Sie sich im privaten Leben viel mehr als sich selbst zeigen können.

Das muss nicht so sein, aber ich kenne sehr viele Menschen, denen es so geht. Das muss nichts Schlechtes sein. Man sollte sich in den unterschiedlichen Rollen, die man einnimmt, niemals verstellen müssen. Aber es ist völlig in Ordnung, unterschiedliche Facetten von sich in unterschiedlichen Rollen zu leben. Wenn man sich etwa tendenziell als »Macher:in« bezeichnen würde, so kann es sein, dass man in manchen Situationen nicht unbedingt »Macher:in« sein will, sondern eher »Mitmacher:in«. Denn es kann anstrengend sein, immer zu machen, sich und andere zu motivieren und am Ende vielleicht das Gefühl zu haben: Wenn ich nicht mache, dann macht niemand etwas. Vielleicht gehören Sie zu den Menschen, die Hobbys haben, die Ihnen sehr wichtig sind und denen Sie sehr gerne nachgehen. Ganz gleich, ob das Musik ist, die Sie hören oder selbst machen, ob Sie gerne Sport machen, allein oder zusammen mit anderen, ob Sie gerne reisen, tanzen, im Garten arbeiten, wandern, lesen, kochen, malen, stricken, Computer spielen, ins Kino gehen – Sie machen etwas, wenn Sie nicht arbeiten. Wenn Sie eine:n Partner:in haben, dann machen Sie mit dieser Person etwas, wenn Sie Freund:innen haben, dann machen Sie mit ihnen etwas und wenn Sie Kinder oder eine Familie haben, dann haben Sie auch jede Menge zu tun. Bei all diesen Dingen, die Sie da tun, machen Sie etwas. Und weil Sie dort etwas machen, können Sie auch etwas. Bitte messen Sie dieses Können nicht daran, ob Sie es in einem Job umsetzen können. Lassen Sie sich mit ein paar Beispielen zu Ideen anregen:

Ins Kino gehen

Auch wenn Sie leidenschaftlich gerne ins Kino gehen oder anderswo Filme sehen, werden Sie mit sehr hoher Wahrscheinlichkeit daraus keinen Beruf machen. Aber natürlich sehen Sie sich nicht zufällig irgendwelche beliebigen Filme an, ohne eine Meinung zu entwickeln. Sie werden mit der Zeit ein ziemlich umfangreiches Wissen über Filme angesammelt haben. Sie wissen, was Ihnen gefällt und was Ihnen nicht gefällt. Sie können erklären, warum Sie etwas gut finden und anderes nicht. Nebenbei bemerkt: Wenn Sie Kinder haben und sich darüber aufregen, dass diese zu viel Zeit auf Social Media Foren verbringen, unterschätzen Sie nicht, was die Kinder darüber alles mitbekommen und lernen. Versuchen Sie das mal herauszufinden: Sie werden erstaunt sein! Wenn Sie also, ähnlich wie in der vorigen Übung, eine Mindmap zum Thema »Ins Kino gehen/Filme anschauen« erstellen möchten, dann überlegen Sie zum Beispiel:

- Welche Filme schaue ich gerne an?
- Mit wem schaue ich diese Filme an?
- Was gefällt mir an diesen Filmen?
- Wie hat sich die Leidenschaft für diese bestimmten Filme entwickelt?
- Gibt es etwas, was ich über die Zeit gelernt habe, seit ich diese Filme anschaue?

Ein Instrument spielen

Was machen Sie, wenn Sie Klavier spielen? Diese Frage dreht sich schnell im Kreis, denn die Antwort darauf wird zunächst lauten: »Was soll ich dann schon machen? Ich spiele eben Klavier.« Aber ich kann aus eigener jahrzehntelanger Erfahrung sagen: Die Sache ist viel komplexer. Ich möchte nicht lange ausholen, sondern Sie auf Gedanken dazu bringen, Themen wie Klavier-Spielen von unterschiedlichen Seiten zu beleuchten.

- Spielen Sie immer allein oder manchmal auch mit anderen zusammen?
- Spielen Sie für sich oder spielen Sie auch gelegentlich anderen etwas vor? Bei Familienfeiern oder öffentlich?
- Üben Sie neue Stücke oder spielen Sie eher die alten Sachen?
- Welche Musikarten spielen Sie?
- Spielen Sie streng nach Noten, spielen Sie auswendig oder improvisieren Sie auch manchmal ein bisschen?
- Spielen Sie regelmäßig?
- …

Reisen

Reisen bildet, sagt man nicht umsonst. Man kann auf sehr unterschiedliche Art und Weise reisen: pauschal, individuell, aktiv mit sehr viel Wandern und unterschiedlichen Sportarten, kulturell geprägt, ländlich, städtisch, immer an neue Orte, immer an denselben Ort, in den man immer tiefer eintaucht. Wenn Reisen eine Ihrer Leidenschaften ist, dann fangen Sie doch Ihre Mindmap mit den folgenden Fragen an:

- Welche Art von Reisen mögen Sie besonders?
- Reisen Sie alleine, mit der Familie, mit Freunden, mit einer Reisegruppe?
- Reisen Sie immer wieder an neue Orte oder eher immer wieder in dieselbe Region?
- Bereiten Sie sich intensiv auf Reisen vor und planen genau oder lassen Sie sich eher treiben?
- Was machen Sie, wenn Sie unterwegs sind? Faulenzen, Sport, Kulturangebote nutzen, Land und Leute auf sich wirken lassen, Sehenswürdigkeiten bewundern, die Natur erleben, auf dem Land oder am Meer sein – weg von allem?
- Welche Bedürfnisse liegen Ihren Reisen zugrunde?

Familie

Die Familie ist sicher eines der größten Lernfelder, das man im Leben betreten kann. Ich möchte jetzt nicht ausholen und auf die unterschiedlichen Rollen als Eltern, Partner:in, Teil einer Großfamilie eingehen. Ich möchte nur ein paar Anregungen für das gesamte Feld geben. Mütter und vereinzelt auch Väter, die eine berufliche Auszeit als Eltern nehmen, neigen oft dazu zu sagen, sie hätten »nichts« gemacht, während sie sich um die Kinder gekümmert haben. Das ist natürlich völlig falsch. Wer Kinder hat weiß, dass man nur sehr schwer nichts machen kann, sich permanent entwickeln und neuen Herausforderungen stellen muss. Wer keine Kinder hat und sich um die alten Eltern kümmert, tut ebenfalls eine Menge. Mitunter so viel, dass die eigene berufliche Tätigkeit hierfür eine Weile unterbrochen oder reduziert werden muss. Auch der intensive Umgang mit Tieren kann ein ausgesprochen intensives Lernfeld darstellen.

Menschen teilen sich ihre Zeit ein, hören anderen Menschen zu, haben kreative Ideen, sind mitunter ausdauernd und geduldig, sorgen sich um andere, gehen mit Konflikten um, setzen sich durch, schließen Kompromisse, organisieren unterschiedlichste Bedürfnisse, eignen sich medizinische Kenntnisse an – das alles sind Dinge, die man tut, wenn man *Familie macht*. Man entwickelt sich dabei. Man lernt etwas. Man verändert sich und kann nach Jahren mehr und anderes als zuvor. Das bedeutet nicht, dass alle Menschen, die sich mit ihrer Familie beschäftigen, automatisch gut zuhören können oder fürsorglich sind. Aber es lohnt sich, wenn Sie einmal in einer Mindmap auffächern, was Sie alles tun, wenn Sie mit Ihrer Familie zu tun haben.

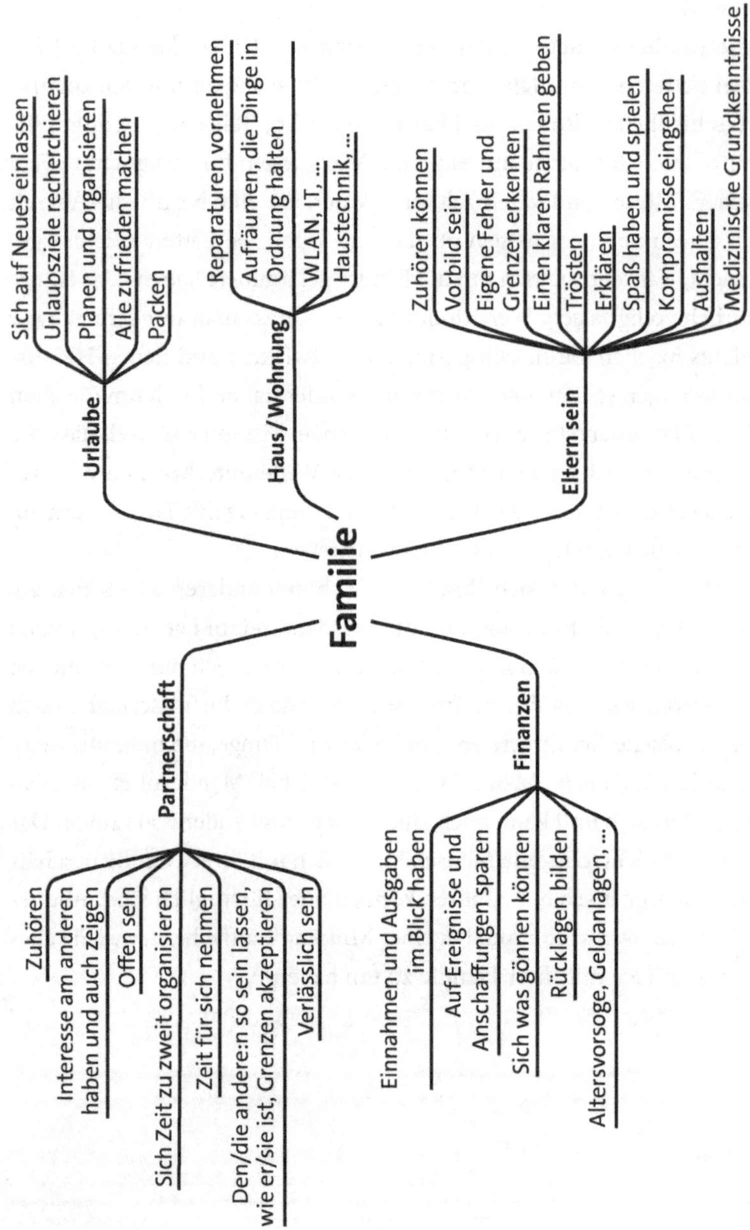

Beispiel Mindmap Familie

Meine Familie

Weitere Tätigkeiten

Sie können alles, womit Sie sich beschäftigen, als Mindmap gestalten. Ob es berufliche Tätigkeiten sind oder private, ist nebensächlich: Das Engagement in einem Verein oder Ehrenamt, eine Sportart, Interesse für Wein, Lesen, Kunst, Heimwerken, Stricken, Meditieren – auch diese Liste könnte unendlich lang sein. Nehmen Sie sich einfach Zeit und fächern auf, was Sie alles tun. Es kommt nicht darauf an, ob Sie die jeweiligen Tätigkeiten später einmal beruflich verwenden können. Alle Dinge, die Sie tun und Felder, in denen Sie irgendetwas können, sollten Sie erst einmal ganz wertfrei betrachten. Wenn Sie dabei denken: Das ist ja wahnsinnig viel, was ich dann aufschreiben könnte, ist schon viel erreicht. Denn es ist ganz sicher viel! Der Sinn dieser Übung ist, genau das zu erleben: erstaunlich, was ich alles schon gemacht habe. Dabei müssen Sie nicht in allen Feldern ein Profi sein und in keinem Bereich ein:e Überflieger:in. Aber Sie haben das gemacht, und das stellt für sich schon einen hohen Wert dar. Es ist Ihres.

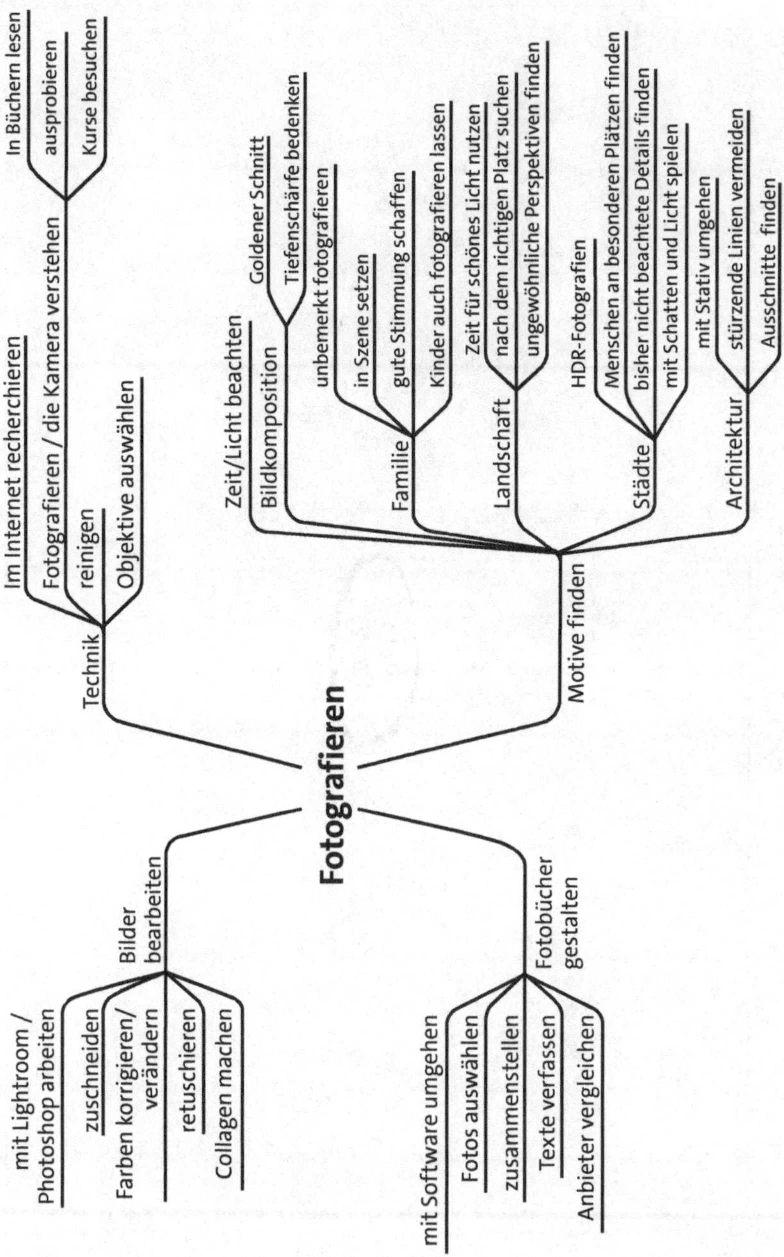

Beispiel Mindmap Hobby

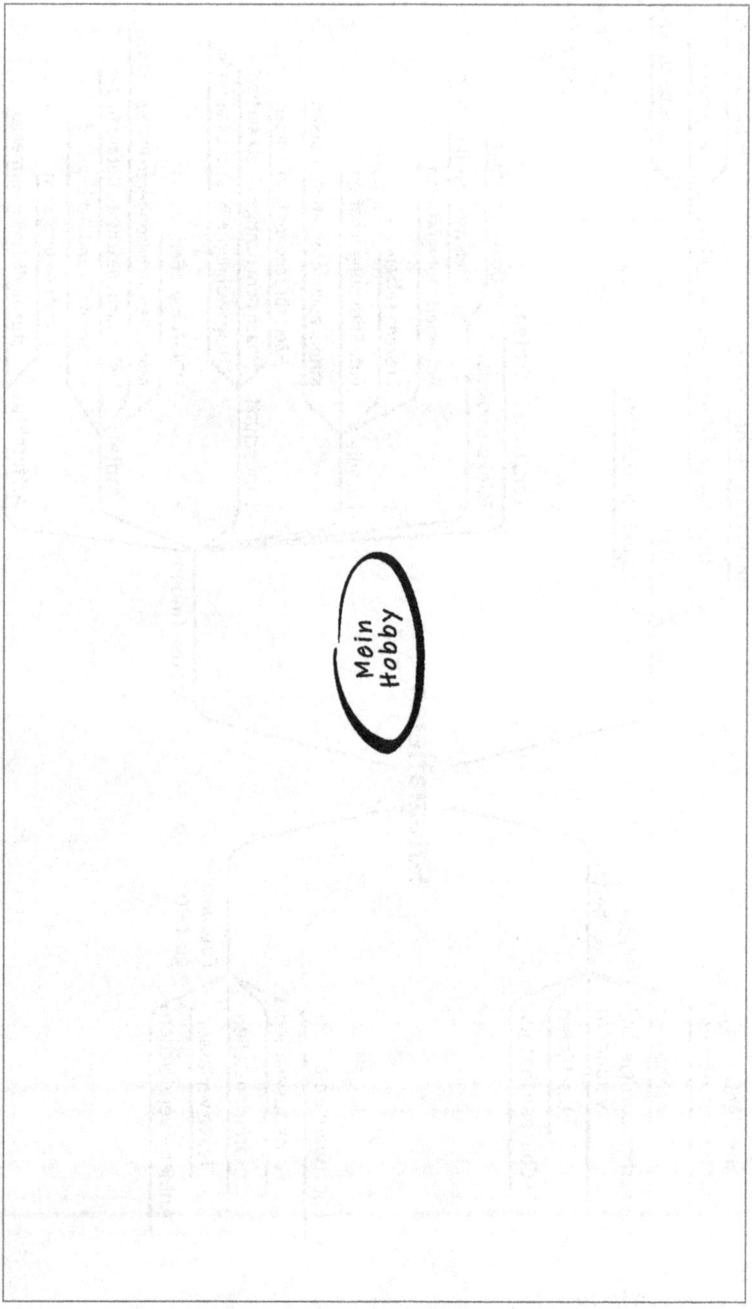
Mein Hobby

Unterhalten Sie sich auch mit Freund:innen darüber, fragen Sie, was sie eigentlich machen. Sie werden sehen, dass sich daraus interessante Gespräche ergeben werden. Sie werden ein Stück weit selbst zum Coach – für sich, aber auch für Ihre Umgebung. Sie werden sich aber auch fragen: Was mache ich denn jetzt mit diesem ganzen Wust an Erfahrungen und Tätigkeiten?

3.6 Ich mache so viel – wer bringe ich da Ordnung rein?

Sie haben jetzt viel herausgearbeitet und womöglich einige Zettel damit gefüllt. Oder Sie haben sich das Ganze im Kopf zurechtgelegt. Wie auch immer: Ich hoffe, dass Sie herausgefunden haben, wie viel Sie eigentlich in den vergangenen Jahren gemacht haben. Und dass da lauter lose Enden sind von Dingen, die vordergründig wenig miteinander zu tun haben. Sie müssen nun ein bisschen kreativ werden und versuchen, diese losen Enden zusammenzuführen.

Wenn Sie sich Ihre Mindmaps anschauen oder vor Ihrem geistigen Auge alle die Dinge Revue passieren lassen, die Sie sowohl beruflich als auch privat in den letzten Jahren getan haben, dann wird Ihnen mit hoher Wahrscheinlichkeit auffallen: Manches wiederholt sich. Es gibt Stärken, die Sie immer wieder in unterschiedlichen Situationen einsetzen. Es gibt Eigenarten, die immer wieder zu Tage treten. Es gibt Aufgaben, die Sie immer wieder übernehmen. Es gibt Dinge, die Ihnen immer wieder Spaß machen, ganz gleich, ob Sie dabei im Beruf sind oder im privaten Bereich. Es gibt Dinge, die Ihnen leichtfallen, wo Sie merken, dass Sie Talent haben. Es gibt Erfahrungen, die Sie von einem auf den anderen Bereich übertragen können. Vielleicht haben Sie das schon bewusst gemacht, vielleicht aber auch, ohne genauer darüber nachzudenken. Und jetzt sehen Sie: Eigentlich verhalte ich mich hier wie dort ähnlich. Es gibt Rollen, die Sie immer wieder einnehmen. Manche davon vielleicht widerwillig, andere gern. Egal, ob widerwillig oder nicht – Sie können etwas, wenn Sie es machen. Sie können sich davon in Zukunft lösen wollen, oder Sie können versuchen, Ihr jeweiliges

Können auszubauen. Erstmal ist es aber wichtig festzuhalten und zusammenzufassen, dass Sie da etwas können und was das eigentlich ist.

Diese »Muster« gilt es nun aufzuspüren und ihnen einen Namen zu geben. Sie machen das für sich selbst. Führen Sie ein Selbstgespräch, in dem Sie Fragen stellen und Antworten geben. Das könnte ungefähr folgendermaßen ablaufen.

» *F: Wie ist es Dir damit ergangen, Dir genau zu überlegen, was Du alles gemacht hast?*

A: Das ging eigentlich ganz gut. Es war eben sehr viel.

F: An welchem Punkt hast Du aufgehört damit?

A: Irgendwann hat es dann gereicht.

F: Warum hat es dann gereicht?

A: Weil es sich dann wiederholt hat.

F: Was hat sich wiederholt?

A: Irgendwie – dass ich gemerkt habe, dass ich in unterschiedlichen Bereichen immer wieder etwas Ähnliches mache und auch immer wieder ähnliche Rollen übernehme. Das sind manchmal Sachen, die mich nerven, aber meistens ist es eigentlich so, dass es Dinge sind, die ich eigentlich ganz gerne mache und die ich auch kann.

F: Kannst Du mir ein Beispiel sagen?

A: Das ist zum Beispiel die Rolle, dass ich in einer Gruppe nicht unbedingt vorangehe und die Ansagen mache, aber auch nicht einfach der Mitläufer bin. Während der Teamlead nach innen und nach außen arbeitet, aber eben auch viel nach außen, bin ich die Person, die dann immer ansprechbar ist, sich um die Sachen kümmert, den Laden am Laufen hält. Ich bin nicht Bundeskanzler oder Außenminister, sondern eher so der Innenminister. Und das ergibt sich immer irgendwie früher oder später so, auch wenn das auf dem Papier nirgendwo so steht, und das funktioniert dann immer sehr gut, muss ich ehrlich sagen.

F: Und kannst Du auch benennen, ob Du etwas Bestimmtes kannst, weil Du immer wieder diese Rolle übernimmst?

A: Ja, wenn ich das zusammenfasse, dann ist es so etwas wie: Ich gestalte Prozesse und übernehme Verantwortung dafür.

F: Prima, gibt es noch etwas?

A: Ich kümmere mich und bin dabei auch sorgfältig, sowohl wenn es um die Sache geht als auch, wenn es um Menschliches geht. Ich höre gerne zu und ich glaube auch gut und irgendwie sorgfältig. Die Leute kommen gerne zu mir, weil ich ihnen zuhöre.

F: Also dann hätten wir neben dem Prozesse gestalten und dafür Verantwortung übernehmen noch so etwas wie sorgfältig arbeiten und gut zuhören können. Ja?

A: Ja, stimmt eigentlich. Das bringt es ganz gut auf den Punkt.

Wenn Sie viele lose Enden gesammelt haben und viel dazu aufgeschrieben haben, was Sie alles getan haben, dann wird sich dieses Clustern sicher auch bei Ihnen ganz automatisch ergeben. Sie werden Muster erkennen. Menschen vertragen kein Chaos. In einem chaotischen Bild sucht das menschliche Gehirn immer eine Art von Muster. Das kann bei der Beobachtung des Himmels ein Gesicht oder eine Gestalt in einer Wolke sein. Und in einer Sammlung dessen, was Sie alles getan haben, finden Sie wiederkehrende Handlungen und Stärken, die Sie dabei eingesetzt haben. Das Gesicht in der Wolke hat vielleicht keine tiefere Bedeutung, Ihre Stärken aber schon.

Übung: Kompetenzen sammeln

Nehmen Sie sich ein Blatt Papier oder besser einen Stapel Karteikarten, Moderationskarten, Post-its oder Notizzettel. Breiten Sie die Mindmaps vor sich aus und denken Sie darüber nach, wo Sie Wiederholungen sehen, die Ihnen immer wieder begegnen oder die Ihnen aufgefallen sind, als Sie darüber nachgedacht haben, was Sie alles schon gemacht haben. Schreiben Sie einen Überbegriff, der einige Ihrer Tätigkeiten zusammenfasst, auf einen der Zettel. Überlegen Sie dabei nicht zu lange.

Beim Aufschreiben tappt man manchmal in Fallen, und es kommen dann nur abstrakte Eigenschaften dabei heraus. Dann haben Sie eine Liste, in der nur allgemeine Begriffe stehen wie »Organisationsfähigkeit«, »Führungskompetenz«, »Teamfähigkeit«, »Flexibilität« – all die Begriffe, die alle benutzen und von denen niemand genau weiß, was damit gemeint ist. Für Sie aber ist es hilfreich, wenn Sie für sich Begriffe finden, mit denen Sie sich identifizieren können. Es ist bereichernd, wenn Sie eine Sprache für das gefunden haben, was Sie können, und sich mit breiter Brust hinstellen und sagen können: *Das kann ich.*

Darauf sollten Sie achten, wenn Sie Formulierungen für das finden, was Sie können:

- Versuchen Sie nicht, Ihr Können auf ein einzelnes Wort zu bringen, schreiben Sie eine kurze Formulierung oder einen kurzen Satz auf, der mit »Ich kann« anfangen könnte. Das »Ich kann« müssen Sie dabei nicht jedes Mal dazu schreiben.
- Überlegen Sie, ob jemand anders verstehen würde, was Sie da aufschreiben.
- Vermeiden Sie Fremdwörter.
- Vermeiden Sie Floskeln und Schlagworte.
- Versuchen Sie nicht »Ich bin…« zu schreiben, sondern was Sie tun.
- Sie müssen keine Adjektive oder Superlative benutzen. Die nutzen sich ab und klingen, als müssten Sie sich das selbst unbedingt einreden. Wenn Sie einfach nur eine schlichte Tatsache aufschreiben, ist das klar genug. Sie müssen auch nicht werten. »Ich kann Klavier spielen«, klingt nicht nach weniger Können als »Ich kann gut Klavier spielen«.
- Nutzen Sie nicht nur Substantive, sondern auch Verben. Daraus ergeben sich dann kurze Sätze.
- Beschreiben Sie positiv – also das, was ist und nicht das, was nicht ist.

Einige Beispiele, in welcher Art Sie etwas aufschreiben könnten:

Ich kann …

… Aufgaben und Arbeiten planen

… frei vor Gruppen sprechen

… Sitzungen protokollieren

… Zeit systematisch einteilen

… transparent arbeiten

… Texte schreiben

... schwierige Dinge zusammenfassen und auf den Punkt bringen
... Verantwortung übernehmen
... Entscheidungen treffen
... Konflikte schlichten
... aufmerksam zuhören
... ein Instrument spielen
... gemeinsam mit anderen Aufgaben lösen
... mich schnell in eine Gruppe integrieren
... andere in eine Gruppe integrieren
... andere von etwas begeistern
... in der Gruppe Verantwortung übernehmen
... Dinge gestalten
...

In der Liste fehlen *fachliche Kompetenzen* und andere Dinge, die Sie rein fachlich gelernt haben. Meiner Erfahrung nach können Sie diese hier vernachlässigen, da Sie verhältnismäßig wenig Schwierigkeiten haben werden, Ihre fachlichen Stärken zu benennen. Diese lassen sich aus Abschluss- und Arbeitszeugnissen oder aus dem Arbeitsalltag einigermaßen einfach ableiten. Auf die anderen Dinge aber kommt es an. Sie machen aus, wie Sie Dinge angehen. Die Liste mit Beispielen ließe sich endlos fortsetzen. Und ich kenne das Bedürfnis von Coachees und allen, die sich mit ihren Stärken auseinandersetzen, möglichst viele Beispiele zu bekommen, um aus einer langen Liste von Kompetenzen auswählen zu können, was man selbst alles gut kann. Das aber ist nicht besonders wirksam. Sinnvoll ist es, wenn Sie ein bisschen kreativ werden und selbst Begriffe auflisten. Gerade dann können Sie später auch sagen: *Das kann ich*. Ansonsten geraten Sie in Gefahr, Begriffe zu benutzen, zu denen Sie doch nicht authentisch stehen können.

Übung: Kompetenzen aufräumen

Ich empfehle Ihnen, ungefähr 15–20 solcher Formulierungen, wie sie oben stehen, jeweils einzeln auf eine Karte oder einen Zettel zu schreiben. Dann können Sie weitermachen mit dem Aufräumen. Diese Vielzahl von Formulierungen werden Sie sich kaum merken können. Das Ziel ist, auf eine überschaubare Anzahl von Begriffen zu kommen. Sie sollten nicht lange überlegen müssen, wenn Sie sagen möchten, was Sie können. Dafür sollten Sie Ihre Stärken jetzt sortieren. Fragen Sie sich

- Wie gehe ich mit anderen Menschen um?
- Wie löse ich Probleme?
- Wie gehe ich mit mir selbst um? Wie bin ich?

Und weil wir eben angesprochen haben, dass auch Ihr fachliches Wissen nicht unter den Tisch fallen soll, machen Sie noch eine weitere Kategorie auf:

- Was kann ich fachlich?

Die Vier-Felder-Matrix

Nehmen Sie einen großen Bogen Papier und zeichnen darauf vier Felder, in die Sie diese Fragen schreiben. Dann legen oder kleben Sie Ihre Zettel in das Feld, das Ihnen passend zu sein scheint. Manchmal werden Sie feststellen: Die Karte lässt sich nicht eindeutig einem Feld zuordnen. Das macht nichts, dann legen Sie die Karte auf den Grenzbereich dazwischen. Die Kategorien sind nicht trennscharf zueinander. Sie sind nur ein Hilfsmittel, um Ihre Stärken und letztlich Ihre Gedanken zu sortieren. Wenn Sie diese Vier-Felder-Matrix befüllen, fallen Ihnen vielleicht weitere Begriffe ein. Dann schreiben Sie diese einfach auf und legen Sie dazu. Sie können das auch mit Klebezetteln machen. Dann können Sie etwas hinkleben, verschieben, wieder wegnehmen. Denken Sie auch an Ihr Fotoalbum, an Ihre biografische Sammlung und an Ihr Lebensprofil. Vielleicht gibt es auch daraus noch Themen oder Begriffe, die Sie aufnehmen möchten. Fühlen Sie sich frei darin, dieses Blatt zu füllen. Es sind die Dinge, die Sie können.

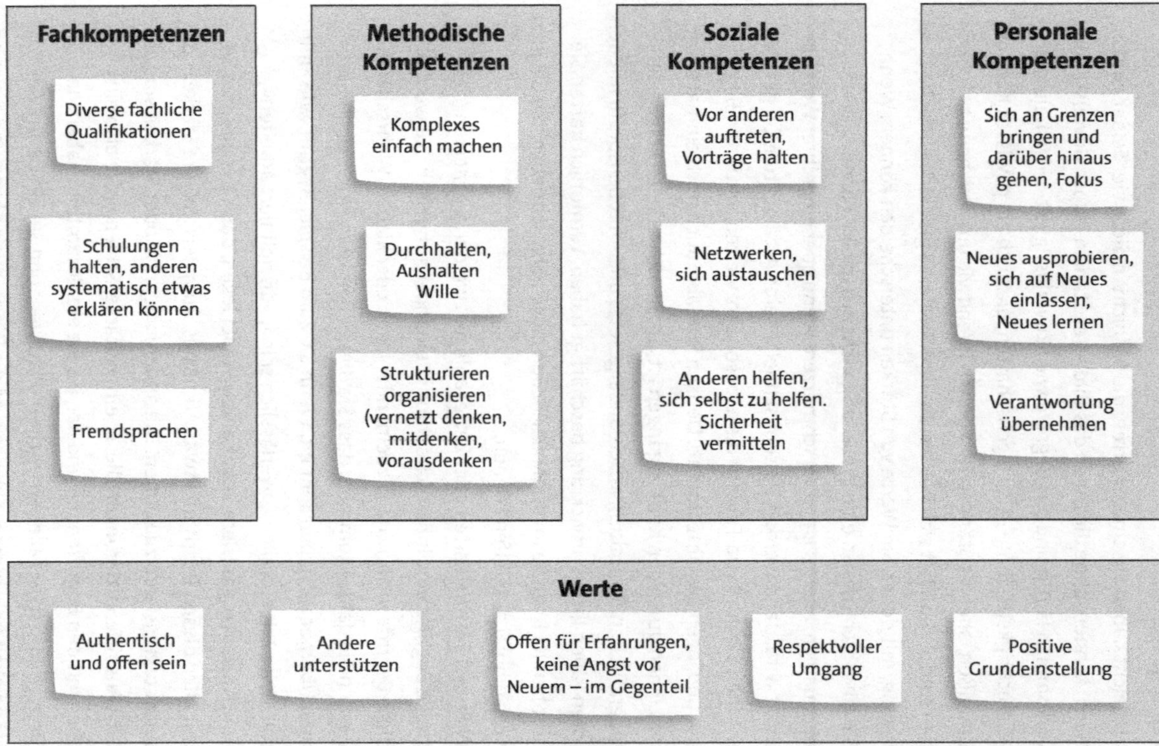
Fachkompetenzen
Diverse fachliche Qualifikationen
Schulungen halten, anderen systematisch etwas erklären können
Fremdsprachen
Methodische Kompetenzen
Komplexes einfach machen
Durchhalten, Aushalten Wille
Strukturieren organisieren (vernetzt denken, mitdenken, vorausdenken
Soziale Kompetenzen
Vor anderen auftreten, Vorträge halten
Netzwerken, sich austauschen
Anderen helfen, sich selbst zu helfen. Sicherheit vermitteln
Personale Kompetenzen
Sich an Grenzen bringen und darüber hinaus gehen, Fokus
Neues ausprobieren, sich auf Neues einlassen, Neues lernen
Verantwortung übernehmen
Werte
Authentisch und offen sein
Andere unterstützen
Offen für Erfahrungen, keine Angst vor Neuem – im Gegenteil
Respektvoller Umgang
Positive Grundeinstellung

Achtung: Werte!
Vielleicht haben Sie einige Karten, die Sie nicht in diese vier Felder einsortieren können, ohne die Ihnen das Bild Ihrer Stärken jedoch unvollständig vorkommt. Häufig sind das Begriffe wie »Zuverlässigkeit«, »Freiheitsdrang«, »Gerechtigkeitssinn« – also Eigenschaften, die auch ein gewisses Können umreißen, aber als Stärke oder Können irgendwie unzureichend beschrieben sind. Es handelt sich hierbei um Ihre Werte. Es gibt eine einfache Überlegung, mit denen Sie Werte von Stärken unterscheiden können. Wenn Sie eine Ihrer Stärken eine Weile lang nicht ausspielen können, so ist das bedauerlich, aber es ist zu verschmerzen. Wenn aber einer Ihrer Werte bedroht wird, dann werden Sie sehr schnell in eine Art Notsituation geraten. Machen Sie ein Extra-Feld für diese besonders werteorientierten Begriffe auf und legen Sie diese dort ab. Denken Sie dabei auch noch einmal daran, was Ihnen durch den Kopf gegangen ist, als Sie sich mit den Fragen der Biografischen Sammlung auseinandergesetzt und im Lebensprofil mit den roten Fäden Ihrer Entwicklung beschäftigt haben. Vermutlich hatten Sie dort bereits Begriffe im Kopf oder haben diese aufgeschrieben, die Sie jetzt noch einmal aufgreifen können.
Während Sie Ihre Karten oder Zettel ablegen, werden Sie merken, dass einige Begriffe eine inhaltliche Nähe zueinander aufweisen. Sie werden diese Begriffe intuitiv nahe zueinander legen oder kleben. Wahrscheinlich werden Sie darauf kommen, dass Sie diesen Begriffen einen gemeinsamen Überbegriff geben können. Wenn Sie zum Beispiel Begriffe wie »mir selbst die Zeit einteilen«, »verlässlich sein«, »diszipliniert arbeiten«, »mich selbst organisieren« auf einen Stapel legen, dann beschreiben Sie mit allen diesen Begriffen etwas Ähnliches. Zum Beispiel Ihre Stärke, sich selbst organisieren zu können. Die anderen Begriffe oder Stärken sind einfach Ausdifferenzierungen dieser einen Stärke. Schieben Sie also ein bisschen mit den Begriffen hin und her, bis Sie ein Gesamtbild haben, das für Sie stimmig ist, wo alles am rechten Platz liegt und Sie ein Gefühl der Vollständigkeit bekommen. »Ja, das sind die Dinge, die ich kann und die mich ausmachen« – das sollte das Gefühl sein, das sich idealerweise bei Ihnen einstellt an diesem Punkt. Wenn Sie so weit sind: herzlichen Glückwunsch. Sie haben schon viel geschafft!

Sie sind noch nicht fertig, aber Sie sollten sich an dieser Stelle einmal ausruhen und das Bild dessen, was Sie alles können, ruhig ein bisschen auf sich wirken lassen und es verdauen, bevor Sie weitermachen. Beim nächsten Schritt nämlich wird es noch einmal anstrengend. Sie müssen sich dann darauf vorbereiten, diese Stärken auch anderen gegenüber erklären zu können und hierfür griffige und auf jeden Fall nachvollziehbare und verständliche Argumente finden. Dafür werden Sie rekonstruieren müssen, wie Sie eigentlich darauf gekommen sind, was Sie können. In den Ingenieurwissenschaften nennt man das Reverse Engineering: Ein fertiges System zerlegt man in seine Einzelteile, um zu erkennen, woraus es sich zusammensetzt und wie es funktioniert.

3.7 Wie erkläre ich anderen meine Stärken? Reverse Engineering

Es ist wunderbar, dass Sie nun eine bessere Übersicht darüber haben, was Sie können. Der nächste Schritt ist, dieses Wissen nachhaltig zu festigen. Am Ende dieses Prozesses sollten Sie sechs bis zehn Ihrer Stärken klar benennen und anderen gegenüber erklären können. Das ist wichtig, denn auch die wohlmeinendsten Menschen aus Ihrem Umfeld können in beiläufigen Gesprächen diejenigen sein, die Ihre Träume ausbremsen oder gar zum Platzen bringen.

» *Was, Du willst Dich selbstständig machen?*

Na ja, ich hatte mir das schon lange mal gedacht. Es wäre eine schöne Sache.

Ja, aber das hört sich doch schöner an als es ist. Der ganze Bürokratiekram, die Unsicherheit, Du musst an Kunden kommen. Ich würde außerdem, wenn ich selbstständig wäre, einfach auf dem Sofa versauern. Ich brauche einen Taktgeber von außen. Dann funktioniere ich gut.

Es ist schön für diese Person, dass sie von sich weiß, dass sie einen Taktgeber benötigt, Sicherheit für sie wichtig ist und sie nicht gerne Kunden akquiriert und auch nicht gern mit Verwaltungskram zu tun hat. Aber das hat nichts mit Ihnen zu tun. Dennoch passiert es oft, dass andere solche Einwände zu bedenken geben und Sie nicht schlagfertig dafür gerüstet sind, vor sich und eben auch vor der anderen Person zu sagen: Moment, das sind vielleicht Deine Sorgen. Aber diese Sorgen sind nicht meine. Denn ich habe mich in den letzten Jahren schon sehr gut selbst organisiert. Ich versauere ohne Taktgeber nicht auf dem Sofa. Buchhaltung ist auch nicht meine Lieblingsbeschäftigung, aber ich habe das auch schon gemacht. Und mir gibt mein Job als Angestellter gar nicht das Gefühl von Sicherheit. Im Gegenteil – letztlich bin ich doch der Willkür der Firma ausgeliefert. Wenn es nicht läuft, kann ich gekündigt werden, und dann kann ich nichts dagegen machen. Wenn ich selbstständig bin, ist das vielleicht anstrengend, aber ich habe die Dinge selbst in der Hand.

Aus diesem Beispiel spricht ein wenig meine Vorliebe für die Selbstständigkeit. Das wiederum soll Sie nicht beeinflussen und hat ebenfalls nichts mit Ihnen zu tun. Die Argumentation könnte ebenso gut andersrum funktionieren. Das fiktive Gegenüber in dem eben skizzierten Dialog wäre genau den entgegengesetzten Argumenten gegenüber aus guten Gründen aufgeschlossen. Was meine ich damit? Um den internen und externen Kritiker:innen gegenübertreten zu können, sollten Sie in der Lage sein, Ihren eigenen Standpunkt einnehmen zu können, der sich nicht durch ein paar wohlmeinende, aber etwas achtlos dahingeworfene Aussagen erschüttern lässt. Um sich für solche oder ähnliche Situationen zu rüsten, sollten Sie argumentationssicher werden. Sie sollten sich dafür erstmal von den eigenen Stärken ein Stück weit innerlich distanzieren. Das fällt nicht ganz leicht, weil Sie sich zuvor ja in besonderer Weise mit diesen Stärken identifizieren sollten. Deshalb meine ich: Lassen Sie ein bisschen Zeit vergehen, zumindest einen oder zwei Tage, bevor Sie mit dem nächsten Schritt anfangen.

Übung: Das kann ich!

Starten Sie mit der Frage: Wie bin ich eigentlich darauf gekommen, diese Stärke zu haben? Bedenken Sie, dass Ihre Stärken zunächst nur Behauptungen sind. Behauptungen, die jede:r aufstellen könnte. Sie behaupten, sich selbst gut organisieren zu können. Aber woran können Sie das festmachen? Wie können Sie jemand anderem erklären, dass Sie das wirklich können? Wie können Sie es erklären, ohne auf andere Stärken zurückgreifen zu müssen, die ebenfalls zunächst Behauptungen sind? Wenn Sie zum Beispiel behaupten, sich gut organisieren zu können und als Argumente anführen, darin seien Sie gut, weil Sie sich die Zeit einteilen können, motiviert sind, diszipliniert arbeiten und Ähnliches: Dann sind all dies letztlich nur weitere Behauptungen. Als kritische:r Zuhörer:in könnte man entgegnen: Das kann ja jede:r sagen! Sie müssen deshalb lernen, anders zu argumentieren, etwa: »Ich behaupte über die Kompetenz »Projekte organisieren« zu verfügen, dafür habe ich folgende Argumente ...«
So würde man im täglichen Leben nicht sprechen, aber um zu trainieren, ist es sinnvoll, sich die Argumentation auf diese Weise zurechtzulegen. Sie sollten sich dabei jemanden vorstellen, der es vielleicht nicht unbedingt darauf angelegt hat, Ihre Stärke zu widerlegen, der aber zunächst mal absolut keine Ahnung davon hat, ob es wirklich stimmt, was Sie sagen, und der wenig über Sie weiß. Sie hingegen wissen, wenn Sie das Buch bislang aufmerksam gelesen und einige der Übungen schriftlich gemacht haben, bereits einiges über sich. Und Sie haben alle Argumente, die Sie benötigen, um anderen ihre Stärken zu erklären, auf dem Tisch liegen. Je mehr und ausführlicher Sie sich mit den bisherigen Übungen beschäftigt haben und je mehr Sie dazu aufgeschrieben haben, desto mehr Argumente haben Sie an der Hand, um Ihre Stärken belegen zu können. Natürlich stehen Sie dann nochmals vor der Herausforderung, Ordnung in die Dinge zu bringen, die Sie gedanklich oder schriftlich zusammengetragen haben. Aber Sie werden sich wesentlich leichter damit tun.

Bevor es losgeht, möchte ich Ihnen kurz eine Systematik vorstellen, nach der Sie anschließend Ihre Argumente sortieren können. Alles, was Sie bisher zu Ihren Stärken und Kompetenzen aufgeschrieben haben, lässt sich durch die folgenden Punkte abfragen:

- Was genau verstehen Sie unter dieser Kompetenz?
- Wo hat sich schon einmal gezeigt, dass Sie das besonders gut können?
- Wann war das? Und wie oft?
- Wie sind Sie vorgegangen, um eine schwierige Aufgabe zu lösen? Welche Stärken haben Sie dabei eingesetzt?
- Wie können Sie die Kompetenz im Sinne von SKATE weiterentwickeln?

Stellen Sie sich jetzt vor, Sie würden jemandem davon erzählen, etwa, warum Sie *organisieren können*. Zuerst sollten Sie erklären, was Sie damit meinen, also eine Art Definition Ihres Verständnisses von *organisieren können* liefern. Das könnte zum Beispiel so aussehen:

»*Ich kann organisieren, damit meine ich, dass ich gerne Ordnung im Chaos schaffe und viele verschiedene Aufgaben in eine sinnvolle Reihe bringe und mich dann freue, wenn es am Ende alles zusammenpasst und funktioniert.*

Das ist noch etwas unspezifisch. Deshalb ist es in der Argumentationskette sinnvoll, sich als nächstes anzuschauen, wie Sie das anhand eines Beispiels erklären können. Überlegen Sie ein oder zwei Beispiele, anhand derer Sie erklären können, was Sie unter der Kompetenz verstehen. Denken Sie an ein Beispiel aus dem beruflichen und eines aus dem privaten Bereich.

Beispiel Beruf:
»*Zum Beispiel, wenn es darum geht, alle Mitglieder des Teams für die Abgabe von einem Bericht zusammenzutrommeln. Da erkläre ich gerne im Team, was wir alles brauchen. Das sind lauter kleine Puzzle-Stücke:*

eine Recherche, eine Kalkulation, Text, Grafik, alles Sachen, die andere besser können als ich. Ich erkläre den Sinn und Zweck der Sache und habe ein ungefähres Bild davon, was wir am Ende brauchen. Ich weiß auch, wie lange das alles ungefähr dauert und erkläre es. Dann besprechen wir, wer was bis wann macht, wann wir uns absprechen. Es ist total befriedigend, wenn alles zeitgerecht und zueinander passend fertig wird und alle zufrieden sind. Ich bin ja gar nicht Chef:in in dem Team. Aber diesen Prozess organisiere ich eben.

Beispiel Privat:
» *Wenn wir eine Reise planen oder einen Ausflug mit der Familie oder mit Freunden, dann lege ich nicht fest, was wir genau machen. Aber ich habe ein Gespür dafür, was zu allen passt. Wenn man das alles basisdemokratisch abstimmen würde, wäre man nie fertig und am Ende wären doch alle oder viele ein bisschen unzufrieden. Es macht mir total Spaß, die Bedürfnisse der einzelnen zu erkennen und dann alles so zusammenzusetzen, dass am Ende alles passt. Der Weg ist für niemanden zu anstrengend und für niemanden zu langweilig. Es gibt eine schöne Einkehr oder Unterkunft. Es gibt Abwechslung, es gibt Zeit zum Ausruhen. Und irgendwie läuft dann alles ohne Anstrengung und Stress, weil es eben gut organisiert ist.*

Sie können sich als nächstes überlegen, wie oft Sie so etwas schon gemacht haben, seit wann und welche Ihrer Stärken dabei zum Einsatz gekommen sind. Dazu könnten Sie Folgendes sagen:

» *Ich habe das gelernt, als wir eine Familie gegründet haben. Da wären wir alle untergegangen, wenn man das nicht organisiert hätte. Und irgendwie habe ich diesen Drive und diese Systematik mit in den Beruf übernommen. Weil man einerseits auf die Bedürfnisse der einzelnen eingehen muss, auf der anderen Seite aber auch Struktur in die ganze Sache bringen muss, sonst gibt es nur endlose Diskussionen. Man muss Entscheidungen treffen. Aber um es kurz zu sagen: Ich habe mir das in den letzten 15 Jahren so angewöhnt.*

Und was war eine besonders anspruchsvolle Aufgabe, die Sie auf diese Weise bewältigt haben?

Wir haben mal ein Shareholder-Meeting in der Firma gehabt. Da kamen 100 Leute aus ganz Europa und ein paar aus den USA und aus Südamerika. Das war sehr anspruchsvoll, und das habe ich natürlich auch nicht allein gemacht. Aber ich habe es genauso gemacht, wie ich es gerade beschrieben habe.

Und welche Stärken gehören noch dazu, weil Sie gut organisieren können?

Ja, das habe ich eigentlich schon gesagt: Ich muss auf die Bedürfnisse der einzelnen eingehen können. Dafür muss ich gut zuhören können. Ich muss entscheiden können. Ich muss Zeitpläne einhalten und immer im Kopf haben. Ich muss transparent sein, damit alle verstehen, worum es geht. Ich muss die Leute auch motivieren können. Und ich brauche ein gewisses Zutrauen, dass es am Ende schon klappen wird.

Zum Abschluss können Sie sich noch fragen, wie Sie diese Kompetenz weiterentwickeln können. Denken Sie dabei an das SKATE-Modell.

Skills:

»*Es wäre interessant, wenn ich für das Organisieren eine Systematik lernen würde. Ein Schema, nach dem ich immer wieder vorgehen kann. Dann laufe ich nicht immer so heiß in den Hochphasen. Und für Organisationsdinge im Job würde ich gerne eine Software nutzen, mit der ich Aufgaben strukturieren und zuteilen kann.*

Knowledge:

»*Mehr Hintergrundwissen dazu brauche ich derzeit nicht. Vielleicht später mal.*

Ambition:

»*Mir macht das einfach Spaß. Ich mache das gerne. Gerne auch noch etwas mehr.*

Talent:

»*Ich glaube, ich habe dafür ein Händchen.*

Experience:

»*Ich würde gerne wieder etwas Internationales organisieren. Dabei habe ich viel gelernt. Und wenn das im Job nicht geht, dann sollte ich mir ein Feld suchen, wo ich – vielleicht auf andere Weise – so etwas wieder machen kann.*

Übung: Kompetenzen belegen

Nehmen Sie für jede Ihrer Kompetenzen ein Blatt, schreiben Sie die Kompetenz oben hin, kreuzen Sie an, ob es sich um eine fachliche, methodische, personale oder soziale Kompetenz handelt und machen Sie sich dann Stichworte oder gehen Sie die Fragen zumindest im Kopf durch.

Wenn Sie auf diese Art und Weise mehrere Ihrer Stärken erklären, werden Sie feststellen: Aus den vielen Begriffen, die Sie gesammelt haben, werden weniger, weil Sie immer wieder auch Verbindungen zu anderen Stärken herstellen und konkrete Situationen erzählen. Sie wiederholen sich, oder das eine kommt im anderen bereits vor und muss nicht noch einmal mit anderen Worten oder mit einer anderen Überschrift erzählt werden.

Das Durcheinander sortiert sich. Sie merken, dass Sie mehrere Begriffe zu größeren Einheiten zusammenfassen können: *Organisieren* passt zu *sich die Zeit einteilen* und zu *transparent arbeiten*. Und so wird aus drei Begriffen auf einmal ein einzelner großer Begriff, der zudem nicht mehr nur Schlagwort ist, sondern Inhalt und Bedeutung erhält. Überlegen Sie nicht zu lange, welchen Begriff Sie auswählen, um für ihn zu argumentieren. Überlegen Sie auch nicht zu lange, was die Überschrift sein soll. Nehmen Sie sich einfach einen der von Ihnen aufgeschriebenen Begriffe und fangen Sie an. Beim ersten Begriff dauert es noch länger, beim zweiten geht es schon schneller, und dann beschleunigt es sich immer mehr. Wie bereits gesagt: Am Ende sollten Sie nur noch ungefähr acht Stärken vor sich haben. Wenn es einige mehr oder weniger sind, ist das nicht schlimm. Es geht hier nicht um irgendwelche Dinge, die Sie können, sondern um die Dinge, von denen Sie sagen können: Das macht mich aus.

Meine Kompetenz:

O fachlich O methodisch O personal O sozial

Was genau verstehe ich unter der Kompetenz?

....

....

....

....

Wo hat sich gezeigt, dass ich diese Kompetenz habe? Wann war das?

....

....

....

....

Wie bin ich vorgegangen, um eine schwierige Aufgabe zu lösen? Welche Stärken habe ich dabei eingesetzt?

....

....

....

....

Wie kann ich die Kompetenz im Sinne von SKATE weiterentwickeln? (zur Erinnerung: **S**kills, **K**nowledge, **A**mbition, **T**alent, **E**xperience)

....

....

....

....

Es ist ja schön, wenn Sie einen Führerschein haben. Aber ist das etwas, was wirklich den Kern dessen beschreibt, was Sie können? Genauso kann es sich mit manchen Abschlüssen verhalten. Wenn Sie sich bewerben wollen, sind einige Qualifikationen hierfür selbstverständliche Eintrittskriterien. Ob oder wie Sie sich aber in dem erstrebten Umfeld bewähren werden, das hängt von den Dingen ab, die Sie hier beschreiben und argumentieren sollen. Diese sind verantwortlich für Ihre Zufriedenheit und nicht zuletzt auch für Ihren Erfolg. Ich habe Coachingprozesse mit sehr hoch qualifizierten und erfolgreichen Personen geführt, deren Vita mich sehr beeindruckt hat. Erstaunlicherweise konnten diese Menschen sich nach Anleitung häufig gut auf wenige Kompetenzen fokussieren. Sie sagten sinngemäß: »Ach, wenn das so ist, dann gibt es eigentlich nur wenige Sachen, die mich wirklich ausmachen. Was ich alles kann, weiß ich. Aber was mich wirklich ausmacht, das kann ich an einer Hand abzählen.« Und in der Folge erarbeiteten wir manchmal nur vier bis fünf Kernkompetenzen, die diese Personen für sich als profilbildend und zukunftsweisend erachteten. Ich erinnere mich an einen Manager, der sich sogar nur auf drei Kernkompetenzen beschränkte und darüber sehr glücklich war: »Endlich muss ich nicht mehr lang und breit erklären, was ich alles gemacht habe und dass ich dies und das kann, was ich zum Teil ja gar nicht mehr unbedingt machen will. Wenn ich diese drei Sachen an der Hand habe, gibt mir das Orientierung für meine Zukunft.«

Wenn Sie die ganze Sache noch einmal bündiger zusammenfassen wollen, versuchen Sie, die wichtigsten Punkte aus dem gerade Gesagten in einem einzigen Satz unterzubringen.

Übung: Der Bandwurmsatz

Versuchen Sie, einen Bandwurmsatz zu formulieren, der alle wesentlichen Informationen zu Ihrer Kompetenz enthält. Das ist furchtbar zu lesen, das soll Sie aber jetzt nicht kümmern. Sie können auf diese Weise die Aussagen bündeln, die Sie brauchen, um gegenüber anderen Ihre Kompetenz verständlich zu erklären. Ein solcher Bandwurmsatz könnte für die Kompetenz oder Stärke »Gut organisieren« folgendermaßen lauten:

»Ich kann gut organisieren und kann das daran zeigen, dass ich schon seit ich Jugendlicher bin viel organisiert habe, zum Beispiel in der Schule und in der Ausbildung, aber auch später im Beruf und auch privat, wie zum Beispiel Feste oder gemeinsame Unternehmungen, aber auch im Beruf anspruchsvolle Dinge wie Meetings mit vielen Menschen aus mehreren Ländern oder im Privaten Reisen und auch wieder Feste, die ich gerne organisiere im Vertrauen darauf, dass es alles so klappen wird, indem ich eine klare Vorstellung davon habe, wie das Ganze aussehen soll und andere auch dafür begeistern kann mitzumachen, wodurch ich dann auch Aufgaben delegieren kann und ich würde gerne mehr Methodik dazu lernen und mehr Erfahrung in Projekten sammeln, in denen ich organisieren kann, weil ich das gut kann und es mir Spaß macht.«

4 Das will ich

Ziele und große Wünsche haben zu sollen kann Angst machen. Sehnsüchte können einem sogar peinlich sein. Manche Menschen schämen sich dafür, einen Traum zu haben. Sie sagen dann so etwas wie »Ich weiß, das klingt vielleicht unrealistisch oder naiv, aber ich habe da diesen Traum.«

Als wäre es nicht erlaubt, zu träumen! Als müsste man sich das vorwerfen. Anderen wiederum ist es unangenehm, sich einzugestehen, keine großen beruflichen Ziele zu haben. Das klingt dann so: »Es klingt vielleicht langweilig, aber ich will einfach nur einen Job haben, der einigermaßen sicher ist, bei dem ich mich einbringen kann in einem netten Umfeld und wo ich mich nicht kaputt mache. Ich habe keinen großen Karriereehrgeiz. Ich muss auch nicht reich werden.«

Was für eine schöne Vorstellung. Was für ein Glück, wenn einem das Leben gelingt und man zu sich und zu einem Arbeitsumfeld findet, das einem entspricht. Niemand muss sich vorwerfen, keine ehrgeizigen Ziele zu verfolgen. Niemand muss den großen Traum verfolgen. Das ist alles in Ordnung.

Arthur Schopenhauer schrieb einmal: »Der Mensch kann zwar tun, was er will. Er kann aber nicht wollen, was er will.«

4.1 Woher kommen meine Wünsche?

Sie müssen keine großen Träume haben, aber wenn Sie gar nichts wollen, fühlen Sie sich hilflos in einer Welt der scheinbar unendlichen Möglichkeiten. Dann reagieren Sie nur auf das, was auf Sie einströmt, aber Sie gestalten Ihr Leben nicht. Es gibt so viele Studiengänge, so viele. An so vielen Orten der Welt könnten Sie mobil und flexibel arbeiten. Die vielen Möglichkeiten können einen schier erschlagen, so dass manche sich, statt die Optionen zu erkunden und gegeneinander abzuwägen, auf eine sichere Insel des Nicht-Entscheiden-Müssens zurückziehen. Oder sie fühlen sich hin- und hergerissen von den eigenen Wünschen.

»*Ich weiß, es gibt so viele Möglichkeiten. Aber irgendwie lacht mich das alles nicht an. Andere wissen, was sie wollen und ziehen das einfach durch. Ich bin nicht so. Ich finde immer wieder ein Haar in der Suppe. Oder nach einiger Zeit will ich dann wieder etwas anderes, obwohl es doch gerade anfängt, gut zu laufen.*

Häufig liegt dieses Dilemma daran, dass die Betroffenen keinen Zugang zu ihren Kompetenzen haben, nicht wissen, was sie können und die eigenen Werte und Interessen nicht ernst genug nehmen. Die amerikanischen Psychologen Deci und Ryan haben hierzu eine Theorie entwickelt, die grob gesagt folgende Annahmen hat: Menschen streben danach, in einer Umgebung zu sein, in der sie eine sinnvolle Aufgabe haben, ein gewisses Maß an Autonomie und Gestaltungsspielraum bekommen und in der sie sich selbst als wirksam erleben, weil sie ihre eigenen Kompetenzen ausspielen können.

Menschen handeln nicht nur rational, sondern in ganz wesentlichen Teilen auch emotional. Sie müssen fühlen, dass Aufgaben und Umgebungen zu den eigenen Kompetenzen und zu dem, was man im Leben sinnvoll findet, passen.

Ich muss also nicht nur wissen, was ich kann, ich muss es auch spüren. Und wenn ich sowohl weiß als auch spüre, was ich kann, dann kann sich auf dieser Basis mein Wille herausbilden und Wünsche, die zu meinen Ressourcen passen. Menschen werden besser darin, ihre Wünsche zu formulieren, wenn sie wissen, was sie können und ihre Wünsche aus diesem Wissen heraus entstehen.

4.2 Wie erreiche ich meine Ziele? Die Philosophie der kleinen Schritte

Kennen Sie Beppo Straßenkehrer? Die Figur aus Michael Endes Roman *Momo*, die – neben der Schildkröte Kassiopeia und Momo selbst – einer der Ruhepole in der durch die *grauen Herren* immer schneller werdenden Welt ist. In *Momo* heißt es aus Beppos Mund: »Man darf nie an die ganze Straße auf einmal denken, verstehst du? Man muss nur an den nächsten Schritt denken, an den nächsten Atemzug, an den nächsten Besenstrich. Und immer wieder nur an den nächsten.« In diesen einfachen Worten steckt viel Weisheit. Und das Potenzial, mit dem Hier und Jetzt zufrieden sein zu können, ohne deshalb die Hände in den Schoß zu legen und nicht voranzukommen.

Aus der Motivationspsychologie wissen wir, dass kleinere, erreichbare Etappenziele wie Belohnungen wirken und einen starken positiven Effekt darauf haben können, weitermachen zu wollen.

Ich möchte hierzu ein Beispiel erzählen, das mir schon mehrfach in ähnlicher Form in der Coachingpraxis begegnet ist. Sie kennen es von sich selbst: Es gibt Dinge, die würde man gerne mal wieder tun, und man wirft sich latent immer wieder vor, dass man es dann doch nicht tut. Und je länger man wartet, desto größer wird die Hürde, überhaupt den ersten Schritt zu tun. Dabei kann es um Dinge gehen, die eigentlich Spaß machen.

»*Ach, ich habe früher eigentlich gerne Gitarre gespielt. Gar nicht besonders gut, aber auch nicht schlecht. Einfach gerne. Ich habe auch in einer Band gespielt. Wie jede Band wollten wir auch berühmt werden. Aber dann habe ich einfach nur noch Lagerfeuergitarre gespielt, was ja auch schön ist. Mal mehr, mal weniger. Dann kamen die Kinder, dann hatte ich beruflich viel zu tun. Dann wollte ich mal Gitarre spielen, da habe ich gesehen: Es waren zwei Saiten gerissen. Naja, und da habe ich die Gitarre wieder in die Tasche gesteckt und in den Schrank gestellt. Und da steht sie nun – seit bald zehn Jahren oder so. Es ist einfach kein Raum dafür, obwohl es so etwas Schönes ist. Jetzt kann ich es vielleicht gar nicht mehr. Ich würde mich gar nicht trauen zu spielen. Außerdem sind ja zwei Saiten gerissen.*

Wer das sagt, weiß, dass er oder sie nicht Gitarrist:in werden und vom Gitarre spielen leben wird. Statt das Musizieren als etwas Schönes zu begreifen, ist es zu einem schlechten Gewissen geworden, das materialisiert in einer Gitarrentasche im Schrank steht.

Ein schlechtes Gewissen in Bezug auf Ihre Wünsche hilft niemandem etwas. Vor wem sollte man ein schlechtes Gewissen haben? Vor jemand anderem? Sicher nicht. Vor sich selbst? Offenbar war wohl jahrelang etwas anderes wichtiger. Es besteht ja nun die Möglichkeit, die Gitarre (die hier stellvertretend für vernachlässigte Bedürfnisse steht) wieder aus dem Schrank zu holen, neue Saiten aufzuziehen und sich einfach einmal für eine halbe Stunde damit aufs Sofa zu setzen. Folgendes Gespräch habe ich bereits mehrmals in ähnlicher Art und Weise geführt.

»*Ich: Also, Sie wollten ja mal wieder die Gitarre aus dem Schrank holen.*
Coachee: Ja, aber ich weiß nicht.
Ich: Das müssen Sie ja nicht tun. Niemand wird das vermissen. Das ist zwar vielleicht traurig. Aber dann lassen Sie es doch einfach.
Coachee: Doch, ich vermisse das.
Ich: Na bitte, dann auf gehts!
Coachee: Aber die geht ja gar nicht mehr. Die Saiten.
Ich: Was kostet ein Satz Saiten? € 7,90? Die besonders guten vielleicht € 14,90.
Coachee: So was ungefähr, ja.
Ich: Dann schreiben Sie doch jetzt mal auf: Saiten kaufen und setzen sich einen Termin dafür. Zum Beispiel am kommenden Samstag.
Coachee: (lacht) Ja, aber vielleicht eine Woche später. Samstag in einer Woche.
Ich: Gut, kein Problem. Nach zehn Jahren ist eine Woche später ja auch schon völlig egal.

Coachee: (lacht und erstellt sich eine Erinnerung auf dem Handy). Okay, wird gemacht.

Einige Wochen später erhielt ich jeweils tatsächlich eine Mail oder einen Anruf mit ungefähr folgendem Inhalt: »Ich habe mir jetzt neulich die neuen Saiten gekauft. Die lagen dann auch noch einmal eine Woche rum. Dann habe ich sie aufgezogen und habe mich am Sonntag aufs Sofa gesetzt und einfach mal wieder gespielt. Und plötzlich, ich habe es gar nicht gemerkt, waren zwei Stunden um. Es war toll! Ich habe das jetzt so lange nicht gemacht. Danke!«

Man muss nicht mir danken, sondern sich selbst, wenn man sich dieses Geschenk gemacht hat. Scheinbar ist nicht viel passiert, aber letztlich eben doch. Denn: Seit zehn Jahren besteht offenbar ein latenter Wunsch, einer bestimmten Leidenschaft wieder einmal nachzugehen. Zehn Jahre sind eine lange Zeit. Und jetzt hat die Person erlebt, dass sie es schaffen kann, eine Sache, die sie zehn Jahre lang nicht betrieben hat, mit einem kleinen Schritt angehen zu können. Sie wird deshalb kein:e Gitarrist:in werden. Aber die Musik kehrt, zumindest ein Stück weit, wieder in ihr Leben zurück.

Wir können uns selbst Wünsche erfüllen, oder wir können uns die Erfüllung eines Traumes oder Wunsches versagen.

Wir können auch Wünsche und Träume haben, die schwer miteinander vereinbar sind. Dann bringen uns unsere Wünsche in ein Dilemma. Wenn man die Sehnsucht hat, in einem fernen Land zu leben, kann dieser Traum schwer mit der gegenwärtigen Lebenssituation vereinbar sein. Die Sehnsucht verschwindet deshalb nicht einfach. Wenn das geschieht, sind Sie in einem Zwiespalt und müssen sich für einen Weg und gegen den anderen entscheiden. Dafür, dem einen Wunsch Vorrang zu geben und den anderen im Traumstadium zu belassen. Vielleicht wird das andere dann immer ein Traum bleiben. Vielleicht steckt in dem Traum aber auch ein Bedürfnis, das Sie auf einem Weg erfüllen können, der mit Ihrer aktuellen Situation vereinbar ist. Sagen wir, dass Sie sich einmal im Jahr aus dem Alltag rausnehmen und auf eigene Faust eine Reise machen an einen fernen Ort, den Sie vorher noch nicht kannten. Das mag Ihnen erstmal wenig erscheinen, aber eine solche klein erscheinende Maßnahme kann Wunder bewirken. Vor allem, wenn Sie diese nicht nur als einmalig begreifen, sondern regelmäßig umsetzen. Nach fünf Jahren haben Sie fünf neue Länder oder Orte kennengelernt. Und in fünf Jahren sind Ihre Träume möglicherweise schon auf eine ganz andere Art und Weise erfüllbar als heute. Nicht jedes Bedürfnis kann man sofort befriedigen und schon gar nicht in vollem Maße. Aber wenn Sie einen Traum nicht verwirklichen können, so muss das nicht bedeuten, dass Sie sich deshalb jahrzehntelang in Verzicht üben. Das dahinterliegende Bedürfnis wird nicht einfach verstummen deshalb. Und diesem können Sie nachgehen.

Solche Erfahrungen sind sehr viel wert. Sie werden häufig auf andere Bereiche übertragen: »Naja, wenn ich das mit der Gitarre seit so langer Zeit nun in Angriff genommen habe, dann könnte ich auch andere Dinge einmal angehen und kleine Schritte dazu unternehmen.«

Was könnten das für Schritte sein?

- Mal mit jemandem sprechen, der in der Richtung arbeitet, die auch mich interessiert.
- Fortbildungsmöglichkeiten recherchieren.
- Finanzierungsmöglichkeiten für eine Fortbildung recherchieren.
- Mit der:m eigenen Partner:in über konkrete Szenarien sprechen. Was würde es organisatorisch bedeuten, wenn ich mich beruflich verändere? Wie kriegen wir das hin? Wenn nicht jetzt: Wann würden wir es hinbekommen?
- Eine kleine (oder gern auch große) Sache für mich selbst planen, mit der ich mir guttue und einem Bedürfnis nachgehe.

Das sind kleine Schritte eines zum Teil auch nur gedanklichen Ausprobierens unterschiedlicher Zukunftsszenarien. Sie müssen sich nicht unter Druck setzen, um ein großartiges Zukunftsszenario zu entwerfen, das Sie im Breitwandformat sich und anderen präsentieren. Viel wichtiger ist, für sich konkrete nächste Handlungsschritte zu entwickeln. Wie Beppo Straßenkehrer: an den nächsten Schritt, den nächsten Besenstrich, den nächsten Atemzug denken. Dabei müssen Sie wissen, wo die Straße verläuft und in welche Richtung sie führt. Um im Bild zu bleiben: nicht, dass Sie in eine Sackgasse laufen oder auf einer Straße ins Nirgendwo landen. Aber die Straße, die Sie entlanglaufen, kann Abzweigungen haben. Sie können abbiegen, auf Kreuzungen stoßen. Sie können die Zukunft ohnehin nicht vorhersehen. Ein grober Kompass, der Ihnen anzeigt, wo es hingeht, sollte reichen. Und konkrete Vorstellungen davon, wie Sie einfach ein paar Schritte weiterkommen.

Seien Sie dabei geduldig und nachsichtig mit sich. Nach vielen kleinen Schritten werden Sie irgendwann zurückschauen und feststellen: Huch, jetzt bin ich aber schon ganz schön weit gekommen. Gönnen Sie sich, wie beim Beispiel der Gitarre, auch vermeintlich unwichtige Ziele oder nächste Schritte anzugehen. Sie können aus der Umsetzung dieser Schritte für andere Bereiche sehr viel lernen.

Sicher haben Sie inzwischen einige Ideen, was Sie als nächstes machen möchten. Und vielleicht denken Sie: Das weiß ich jetzt schon, und das muss ich nicht aufschreiben, sondern ich muss es einfach machen. Solche Ausflüchte sind mir bekannt. Aber es lässt sich ganz klar zeigen: Wenn Sie sich aufschreiben, was Sie vorhaben, werden Sie es mit größerer Wahrscheinlichkeit umsetzen als wenn Sie es sich einfach nur im Kopf vornehmen. Dafür gibt es zahlreiche Belege, und auch ich konnte das feststellen: Menschen, die am Ende eines Coachings ihre nächsten Schritte aufschreiben, werden diese mit einer Wahrscheinlichkeit von 75 % umsetzen. Menschen, die sich nichts aufschreiben, werden mit einer Wahrscheinlichkeit von unter 10 % etwas umsetzen, was sie sich vorgenommen haben. Das klingt erstaunlich, und das ist es auch. Ich war selbst erstaunt, als ich diese Zahlen aus Hunderten von Coaching-Prozessen ausgewertet habe.

Ich muss mich selbst häufig überwinden, etwas aufzuschreiben. Aber es ist wirksam, mit der Hand zu schreiben, sich etwas zu notieren. Das möchte ich an einem Beispiel belegen, an einer Erfahrung, die Ihnen vielleicht vertraut ist. Haben Sie schon einmal Ihre Träume aufgeschrieben nach dem Aufwachen? Falls ja, werden Sie bemerkt haben: Wenn Sie Ihre Träume aufschreiben, dann können Sie sich in den Tagen und Wochen danach besser an Ihre Träume erinnern. Häufig schläft man ja vermeintlich traumlos, was nur bedeutet: Obwohl man träumt, kann man sich nicht an die eigenen Träume erinnern. Sobald Sie damit beginnen, Ihre Träume aufzuschreiben, ändert sich dies. Sie werden mehr Träume erinnern. Obwohl Sie Träume nicht aktiv steuern können und diese aus dem Unbewussten stammen, hat das bloße Aufschreiben einen manifesten Effekt. Das ist nicht nur meine persönliche Erfahrung, sondern lässt sich aus der wissenschaftlichen Literatur gut nachweisen. Ist das nicht ein gutes Argument dafür, sich Notizen zu machen? Und schließlich haben Sie ja dieses Workbook schon.

Übung: Was will ich machen?

Nehmen Sie sich einen Zettel und schreiben Sie erstmal alle Dinge auf, von denen Sie während der Lektüre dieses Buches bisher gedacht haben: »Das möchte ich mal machen« und die immer noch attraktiv für Sie sind. Machen Sie einfach eine Liste dazu. Drei Tipps:

- Halten Sie die Formulierungen positiv. Schreiben Sie nicht auf, was Sie nicht wollen, sondern was Sie machen wollen.
- Versuchen Sie, handlungsorientiert zu formulieren.
- Beschränken Sie sich nicht auf berufliche Ziele, sondern schreiben Sie einfach alles auf, was Ihnen einfällt.

Es hilft Ihnen, wenn Sie ein Blatt nehmen und oben draufschreiben: »Ich möchte gerne« – das ist nicht zu groß und nicht zu klein gedacht. Dass Sie es möchten, ist positiv und handlungsorientiert und stellt für Sie selbst keine unangenehme Verpflichtung dar. Wenn momentan nicht der richtige Zeitpunkt dafür ist, dann kommt er vielleicht später. Dazu weiter unten mehr.

Ihre Liste könnte so aussehen:

Ich möchte gerne ...
... wieder anfangen zu reiten
... wieder regelmäßiger etwas mit guten Freunden unternehmen
... in meinem Job mehr Verantwortung übernehmen [Anmerkung: Immer wieder gibt es auch das Vorhaben, weniger Verantwortung zu übernehmen. Es muss nicht immer mehr werden]
... für meine Leistung besser belohnt werden [Anmerkung: Auch hier können Sie überlegen, ob und auf wieviel Gehalt Sie bereit sind zu verzichten, um sich stärker anderen Dingen widmen zu können]
... innerhalb der nächsten zwei Jahre meine Rolle im Job ändern [Anmerkung: Das halte ich jetzt bewusst allgemein] oder aber den Arbeitgeber wechseln
... eine Fortbildung im Bereich XYZ machen
... mehr Zeit für mich haben im Alltag
... mit meiner:m Partner:in sprechen, wie wir uns die Alltagsaufgaben besser aufteilen können
... mal wieder jemanden zum Essen einladen
... endlich mal wieder ins Kino gehen
... Möglichkeiten für eine Teilselbstständigkeit recherchieren
... mehr Verantwortung im Job übernehmen
... bei einer anderen Stelle bewerben
... meinen Lebenslauf auf Stand bringen

Ich möchte gerne:

- ....
  ....
  ....
- ....
  ....
  ....
- ....
  ....
  ....
- ....
  ....
  ....
- ....
  ....
  ....
- ....
  ....
  ....
- ....
  ....
  ....
- ....
  ....
  ....
- ....
  ....
  ....

Wichtig: Der Begriff des Ziels ist recht weit gefasst. Jede Form eines Veränderungswunsches darf hier aufgeschrieben werden. Manchmal stehen auch Veränderungen an, die sich durch Rahmenbedingungen ergeben. Zum Beispiel, wenn die Kinder eingeschult werden oder wenn ein befristeter Arbeitsvertrag endet. Jede in der nahen Zukunft bevorstehende Veränderung, ob diese nun gewollt oder ungewollt eintritt, kann berücksichtigt werden. All dies sind nächste Schritte. Wenn Sie noch überlegen, was nächste Schritte sein könnten, dann stellen Sie sich die folgenden Fragen:

- Welche familiären nächsten Schritte liegen vor mir?
- Welche beruflichen Ideen habe ich?
- Welche persönlichen Wünsche habe ich?
- Was steht mir im Wege?
- Welche meiner Stärken hilft mir dabei, etwas zu verändern?
- Bei wem kann ich mir in nächster Zeit Unterstützung holen?

Ich hoffe, Sie haben oben einfach alles aufgeschrieben, was Sie sich gerne vornehmen würden. Sie müssen ja nicht alles davon machen. Setzen Sie sich nicht unter Druck. Lassen Sie dabei aber solche Dinge wie »Steuererklärung machen« oder Ähnliches weg. So etwas gehört auf eine ganz normale To-do-Liste. Überlegen Sie im Anschluss: Gibt es Abhängigkeiten oder Reihenfolgen in den Dingen, die Sie sich aufgeschrieben haben? Können Sie mehrere nächste Schritte zu einem größeren Ziel verbinden? Wenn Sie z. B. wieder reiten möchten und außerdem ab und zu wandern gehen wollen, können Sie daraus ein größeres Ziel machen und es »sich in der Natur bewegen« nennen.

In beruflichen Angelegenheiten können Sie ebenfalls Dinge zusammenfassen. Wenn Sie eine Fortbildung machen möchten, mehr Gestaltungspielraum wünschen, Ihr Gehalt langfristig erhöhen wollen, dann streben Sie einen Jobwechsel an, ob in der derzeitigen oder in einer neuen Umgebung – Sie werden sich verändern wollen. Wenn Sie diesem Projekt schon einen konkreten Namen geben möchten, gut. Wenn nicht, dann nennen Sie es einfach die »berufliche Veränderung« und sortieren Sie die einzelnen Schritte darunter ein.

Übung: Meine Ziele und nächsten Schritte

Wenn Sie mehrere Schritte, die zusammengenommen ein Ziel ergeben, gestalten wollen, nehmen Sie für jedes Ziel oder jeden größeren nächsten Schritt ein Blatt Papier, das Sie ungefähr so aufbauen:

Meine Ziele – Meine nächsten Schritte

Was will ich erreichen?	**Bis wann?**
Schreiben Sie auf, was Sie in den kommenden Monaten angehen möchten. Das kann ein Jobwechsel, eine (Teil-)Selbständigkeit oder aber auch etwas Privates sein: mehr Zeit für die Partnerschaft, für Freundschaften, für ein lange vernachlässigtes Hobby.	Bis wann wollen Sie erkennbare Schritte hierzu unternommen haben? Der Zeitraum sollte max. 12 Monate betragen.

Warum? Was sind meine Bedürfnisse dahinter?
Meistens handelt sich um einen Bedürfnismix. Schreiben Sie einfach Ihre ersten Gedanken dazu auf. Beispiele: Ich will meiner Leidenschaft XY nachgehen, ich will mich mehr entfalten können, ich möchte mehr Freiheiten haben, ich möchte mehr entscheiden können, ich möchte für mich sorgen.

Welche Fragen will ich klären? Welche Hindernisse gibt es?	**Bis wann?**	**Wer kann unterstützen?**
Gibt es etwas, das Sie daran hindern könnte, Ihr Ziel zu erreichen? Brauchen Sie Geld für Ihr Vorhaben? Wieviel? Woher bekommen Sie es? Brauchen Sie Zeit? Mit wem sprechen Sie darüber? Sind andere Personen involviert? Was müssen Sie mit diesen klären?		

Was muss ich dafür tun? Meine nächsten Schritte:	**Bis wann?**	**Wer kann unterstützen?**
Welche nächsten Schritte sind hierfür entscheidend?		

Für jedes Ihrer Ziele sollten Sie sich einen eigenen Bogen vornehmen. Am Ende kann das ausgefüllt für ein einzelnes Ziel ungefähr folgendermaßen aussehen.

Meine Ziele – Meine nächsten Schritte

Was will ich erreichen?	Bis wann?
Ich möchte mich teilselbstöndig machen	Innerhalb der nächsten 12 Monate

Warum? Was sind meine Bedürfnisse dahinter?
Eine Stärke, die ich habe, nutzen und weiterentwickeln Abwechslung im Alltag Vielleicht später einmal mehr daraus machen Mehr Einkommen – vielleicht, muss aber gar nicht sein

Welche Fragen will ich klären? Welche Hindernisse gibt es?	Bis wann?	Wer kann unterstützen?
Was sind meine Risiken?	2 Monate	Steuerberater:in, Partner:in, Freund:in
Wie bekomme ich erste Kund:innen?	6 Monate	Alle, die ich kenne, allen erzählen, Veranstaltungen zum Thema besuchen
Ist der Aufwand zu hoch?	12 Monate	Zeit notieren, die ich aufwende
Preisfindung	6 Monate	Recherche und mit Leuten reden

Was muss ich dafür tun? Meine nächsten Schritte:	Bis wann?	Wer kann unterstützen?
Die eigene Leistung klar beschreiben	4 Wochen	2 Freunde, die was Ähnliches machen
Eigene Webseite aufsetzen	3 Monate	Ulla, die hat auch eine eigene Seite
Steuerberater:in fragen	2 Wochen	Steuerberater:in
Nebentätigkeitsgenehmigung einholen	2 Monate	Arbeitgerber:in
Mit Partner:in reden	1 Woche	Partner:in

5 Das bin ich. Das kann ich. Das will ich.

Herzlichen Glückwunsch. Sie haben es bis hierhin geschafft und sich Gedanken darüber gemacht, wer Sie sind, was Sie können und was Sie wollen. Sie haben sich vielleicht einiges dazu aufgeschrieben, vielleicht auch mit anderen darüber gesprochen. Zum Abschluss ist es gut, wenn Sie sich noch einmal anschauen, was Sie bisher erarbeitet haben.

Blättern Sie dieses Buch noch einmal durch, sehen Sie sich Ihre Aufzeichnungen an und versuchen Sie sich einigermaßen kurz zu fassen, wenn Sie den folgenden Abschnitt bearbeiten.

Das bin ich

Sie haben sich Gedanken über Ihre Biografie gemacht mit der Biografischen Sammlung, mit dem Fotoalbum und mit dem Lebensprofil.

Ich bin ein Mensch, der ...

....

....

....

....

....

Ich bin ein Mensch, der ...

....

....

....

....

....

Ich bin ein Mensch, der ...

....

....

....

....

....

Besonders wichtig sind mir die Werte ...

....

....

....

....

....

Das kann ich

Sie haben sich überlegt, was Sie den ganzen Tag machen im Job und außerhalb der Arbeit. Und alle Ergebnisse haben Sie danach aufgeräumt und Argumente dafür gesammelt, warum Sie was können.

Ich kann ...

....

Das kann ich daran zeigen, dass ich ...

....

Ich kann ...

....

Das kann ich daran zeigen, dass ich ...

....

Ich kann ...

....

Das kann ich daran zeigen, dass ich ...

....

Ich kann ...

....

Das kann ich daran zeigen, dass ich ...

....

Ich kann ...

....

Das kann ich daran zeigen, dass ich ...

....

Ich kann ...

....

Das kann ich daran zeigen, dass ich ...

....

Das will ich

Sie haben sich nächste Schritte vorgenommen für die kommende Zeit. Das sind private und berufliche Dinge, kleine und größere Vorhaben.

Ich will ...

....

....

....

....

....

Ich will ...

....

....

....

....

....

Ich will ...

....

....

....

....

....

Epilog: Das Leben ist ein Haus

Es ist eine Lebensaufgabe, mit den äußeren und inneren Notwendigkeiten immer wieder aufs Neue umzugehen und aus den Wandlungen der eigenen Biografie eine stimmige Gestalt zu formen. Der Wunsch nach dem einen einzigen glücklich machenden Beruf, die Vorstellung, es könne einen solchen geben, kann ein fundamentales Hindernis dafür sein, die Biografie aktiv zu gestalten. Es kann zu einem endlosen Warten führen: auf den richtigen Moment, auf eine zwingende Vision davon, wie die eigene Zukunft aussehen soll, auf die Berufung zu einem Ziel, das man auch wirklich und unbedingt und aus kompromisslosem inneren Drang heraus verfolgen will. Es gibt solche Biografien, die ganz besonders auf ein einzelnes Ziel zuzusteuern scheinen und die ein einzelnes zentrales Thema haben. Aber oft haben auch diese erst in der Rückschau ihre scheinbar konsequent auf eine Erfüllung ausgerichtete Gestalt angenommen und lagen im Moment ihres Werdens weit weniger vorgezeichnet vor den jeweiligen Personen als es auf den ersten Blick scheint. Paul McCartney sagte einmal, es hätte auch gut passieren können, dass er Lehrer geworden wäre und George Harrison Elektriker und dass sie trotzdem und auch ohne die Beatles ein glückliches Leben geführt hätten. Aber die Dinge haben sich eben anders entwickelt, und heute scheint es unmöglich, dass es anders hätte laufen können.

Ich habe außerdem immer wieder betont: Biografie umfasst weit mehr als die Erwerbstätigkeit. Und die Vorstellung, dass als Arbeit oder sinnvolle Tätigkeit nur gelten sollte, was Geld bringt oder erheblich zum Lebensunterhalt beiträgt, blendet viele Aspekte der Identität aus, die sehr zentral sein können.

Wir sollten Leidenschaften, Potenziale und Kompetenzen nicht auf ihr Marktpotenzial reduzieren. Sie sind Teil der Identität des Menschen und als solche zu achten und zu pflegen. Und es gilt sie zuerst einmal überhaupt zu erkennen. Und auch zu sich selbst sollten Sie so freundlich sein, sich nicht auf Ihre beruflichen Rollen zu reduzieren. Falls Sie sich momentan in einer Phase der beruflichen Unzufriedenheit befinden, dann sollten Sie ebenfalls milde zu sich sein und sich Ihre Situation nicht auch noch selbst vorwerfen.

Von Joseph Beuys stammt der Ausspruch: »Jeder Mensch ist ein Künstler – ob er nun bei der Müllabfuhr ist, Krankenpfleger, Arzt, Ingenieur oder Landwirt.«

Und ich denke, dieser Satz ergibt besonders dann Sinn, wenn man ihn darauf anwendet, dass jeder Mensch vor allem Gestalter:in des eigenen Lebens ist. Und sich als die Person zu fühlen, die das eigene Leben gestaltet, ist eine Quelle für Glück und Zufriedenheit.

Für mich ist diese Gestaltung wie der Bau eines Hauses. Ein Haus, in dem man sein Leben verbringt und an dem man sein ganzes Leben lang weiterbaut. Ein Haus, das für die eigene Biografie steht. Wenn man mit diesem Bild spielt, dann können einem viele Assoziationen dazu kommen: Hoffentlich ist das Haus auf einem soliden Grund gebaut und verfügt über ein stabiles Fundament. Hoffentlich ist es ein schönes Haus, das einem selbst, von außen und von innen, gefällt. Hoffentlich ist es ein großes Haus mit vielen Räumen. Hat das Haus einen Keller? Was befindet sich darin? Gibt es manche Räume, in denen man lange nicht gewesen ist? Vielleicht, weil man sie vergessen hat. Vielleicht, weil sich darin etwas befindet, mit dem man nichts zu tun haben möchte. Weil man Angst davor hat. Vielleicht hat man die Tür zu manchen Räumen zugesperrt und den Schlüssel versteckt. Das darf sein. Man muss nicht in alle Räume gehen. Wenn man es will, darf man jedoch. Es ist ja das eigene Haus. Darin gibt es auch Räume, in die man niemanden einlässt. Andere Räume teilt man mit bestimmten Personen. In wieder andere Räume lädt man viele Menschen ein. Man kann sich vorstellen, dieses Haus immer weiter zu bauen: neue Zimmer, Türme, Terrassen, Balkone, Fenster mit Aussicht, was auch immer man möchte. Dabei muss man auf die Statik der Konstruktion achten und darauf, was man mit dem Weiterbauen des eigenen Hauses eigentlich vorhat und auch, welche Räume man bereits hat. Damit es ein schönes Haus wird, das einem selbst so richtig gut gefällt.

Ich möchte Sie zu einer letzten Übung einladen, die ohne Ergebnis ist und als Gedanke aus dem Buch herausleiten soll.

Übung: Mein Haus

Denken Sie an das Bild von Ihrem Leben als einem großen Haus. Denken Sie an Ihre Biografie und daran, was das Fundament ist, auf dem Ihr Haus steht. Denken Sie dabei an Ihre Werte, an die Dinge, die Ihnen Halt geben. Denken Sie auch an die Kellerräume oder sonstige Kammern Ihres Hauses, in die Sie nicht so oft gehen möchten. Welches sind die besonders schönen Räume, die Sie haben? Was befindet sich darin? Wen lassen Sie dort herein? Welches sind die Räume, in denen nur Sie alleine sind? Was machen Sie dort? Welche Räume hätten Sie noch gerne in Ihrem Haus? Was möchten Sie in diesen Räumen tun? Wie sollen sie aussehen? Wohin blicken Sie, wenn Sie aus Ihrem Haus schauen?

Denken Sie einfach an dieses Bild und denken Sie daran, wie Sie es weiterspinnen können. Das Haus wird Ihr Leben lang nicht fertig werden. Es kommen immer neue Räume hinzu, und der Zustand des eigenen Hauses, das Ihr Leben ist, verändert sich immer wieder.
Sie können sich auch eine Skizze dazu machen. Aber damit schränken Sie sich fast ein wenig ein. Ich finde es schöner, sich das Haus des eigenen Lebens vorzustellen und sich zu denken, wie man von Raum zu Raum geht, was hinter den Türen ist, warum man in welchen Raum reingehen möchte und einen anderen nicht betreten will und sich all die Fragen zu stellen und den Überlegungen zu widmen, die ich hoffentlich hier und im ganzen Buch anstoßen konnte und denen Sie sich gewidmet haben.

Liste der Download-Materialien

Kapitel 2: Das bin ich

Kapitel 3: Das kann ich

Kapitel 4: Das will ich

Kapitel 5: Das bin ich. Das kann ich. Das will ich.

Weiterführende Literatur, Webseiten und Podcasts

Literatur

Chomsky, N. (1972). *Aspekte der Syntax-Theorie.* Frankfurt a. M.: Suhrkamp.

Deci, E. L. & Ryan, R. M. (1985). Intrinsic motivation and self-determination in human behavior. New York: Plenum Press.

Ende, M. (1973). *Momo.* Stuttgart: Thienemann.

Ferris, T. (2007). *Die 4-Stunden-Woche: Mehr Zeit, mehr Geld, mehr Leben.* Berlin: Ullstein.
Dieses Buch ist ein Weltbestseller. Es inspiriert Menschen, sich selbstständig zu machen.

Gulder, A. (2022). *Finde den Job, der dich glücklich macht: Von der Berufung zum Beruf.* Frankfurt a. M.: Campus Verlag.
Dieses Buch widmet sich vor allem der beruflichen Orientierung.

Kahnemann, D. (2012). *Schnelles Denken, langsames Denken.* München: Siedler.

Lombardo, M. M. & Eichinger, R. W. (1996). *The Career Architect Development Planner.* Minneapolis: Lominger. (Stangl, 2023).

McClelland, D. C. (1973). Testing for competence rather than for »intelligence«. *American Psychologist,* 28, S. 1–14.

Schein, E. (1998). *Karriereanker. Die verborgenen Muster in Ihrer beruflichen Entwicklung.* Weiterstadt: Wolfgang Looss.
Edgar Schein ist ein weltberühmter Psychologe. Dieses Buch ist leider vergriffen. Aber ich empfehle, es antiquarisch zu besorgen.

Sher, B. (2011). *Ich könnte alles tun, wenn ich nur wüsste, was ich will.* München: dtv.
Barbara Sher ist eine bekannte Autorin und Coach. Ein sehr lohnendes Buch. Hier steht im Mittelpunkt, über sich selbst nachzudenken, um dann den Weg für die eigene Zukunft zu planen.

Triebel, C. (2022). *Wer bin ich? Was kann ich? Was will ich?* Stuttgart: Klett-Cotta.
Dieses Fachbuch richtet sich an Karrierecoaches und psychologische Berater:innen. Es gibt wichtige Hinweise für die Arbeit im Coaching und beleuchtet wesentliche psychologische Hintergründe zum Thema. Es ist die optimale Begleitlektüre für alle, die die »Kompetenzenbilanz« als Coaching-Methode erlernen möchten.

Weiß, F. (2023). Internes Arbeitspapier.

White, R. W. (1959). Motivation reconsidered. The concept of competence, in: *Psychological Review 66*, 297–333.

Webseiten

www.kompetenzenbilanz.de Die Webseite zur Kompetenzenbilanz. Hier sind auch zertifizierte Kompetenzenbilanz-Coaches zu finden.

www.claastriebel.de Hier finden sich Informationen zu meinen anderen Büchern sowie zu meiner Musik und zu Auftrittsterminen.

shiftyourcareer.de Die Webseite von Marcel Reperich bietet einen kostenlosen Berufstest für Erwachsene. Außerdem gibt es den zugehörigen Podcast »Shift your Career«.

www.dgfk.org Die Webseite der Deutschen Gesellschaft für Karriereberatung mit Informationen zum Thema und einer Datenbank von Karrierecoaches in Deutschland.

Podcasts

www.junfermann.de/podcast-apropos-psychologie/c-111
Der Podcast »Apropos Psychologie« des Junfermann Verlags bietet Gespräche mit Psychotherapeut:innen und Coaches, die zu spannenden Selbstreflexionen anregen.

www.berufsoptimierer.de/podcast Der Podcast und die Webseite von Bastian Hughes liefern viele Inspirationen zum Thema Bewerbung und berufliche Orientierung.

www.wueconomics.de Der Podcast »Arbeit, Bildung, Zukunft« von Dr. Lukas Kagerbauer widmet sich Fragen zur Zukunft der Arbeit auf einer übergeordneten Ebene und stellt auch Fragen danach, wie Technologie oder KI die Arbeitswelt verändern.

rockyourlife.de/developing-people/podcast Der Podcast bietet Inspirationen zum Thema Potenzialorientierung und lädt immer wieder Interviewgäste zum Thema ein.